Das Buch

Wenn irgendein Spaßvogel in geselliger Runde plötzlich im Slang des Ruhrpotts etwa so zu reden beginnt: »Mein lieber Scholli, dat war vielleicht ein Ding, ährlich, ich sag Ihnen dat, wie's is«, dann weiß jeder, wer hier imitiert werden soll: Jürgen von Manger. Kein anderer Kabarettist hat eine solche Popularität erreicht. In der Rolle des Adolf Tegtmeier bedient er sich der Sprache des Ruhrreviers, aber er trifft allgemeine Situationen und wird in Hamburg ebenso verstanden wie in Bonn oder München. Tegtmeier hat es nicht leicht. Ob er nun als ›Schwiegermuttermörder‹ dem Richter gegenübersteht oder zu den Arbeitskollegen spricht, immer fällt es ihm schwer, das zu formulieren, was in ihm vorgeht, besonders dann, wenn er meint, daß die Alltagssprache nicht ausreiche. Dann verheddert er sich hoffnungslos in aufgeschnappten Phrasen. Und so sehr sich der Zuhörer und Leser darüber amüsiert, er empfindet auch ein bißchen Mitleid mit diesem Kumpel, der sich so redlich bemüht, mit den »Malessen« des Lebens fertig zu werden.

Der Autor

Jürgen von Manger, 1923 geboren, begann seine Laufbahn nach dem Krieg als Schauspieler in Hagen und war dann als Charakterkomiker in Bochum und Gelsenkirchen engagiert. Nebenbei absolvierte er ein ordentliches juristisches Studium in Köln und Münster. Bereits seine erste Funksendung zu Silvester 1961 brachte ihm einen durchschlagenden Erfolg. Zahlreiche Gastspiele, Rundfunk- und Fernsehsendungen machten ihn weithin bekannt. Seine Sprechplatten erreichten sensationelle Auflagen.

W0065458

Jürgen von Manger:
Bleibense Mensch!
Träume, Reden und Gerede
des Adolf Tegtmeier

Mit 43 Zeichnungen von H. E. Köhler
und einem Nachwort von Heinrich Lützeler

Deutscher
Taschenbuch
Verlag

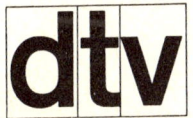

September 1974
Deutscher Taschenbuch Verlag GmbH & Co. KG,
München
© 1972 R. Piper & Co. Verlag, München · ISBN 3-492-01976-5
Zusätzlich aufgenommen wurde das Nachwort von
Heinrich Lützeler ›Der kluge Spaßmacher‹ aus
der Ausgabe von 1966.
Umschlaggestaltung: Celestino Piatti, unter
Verwendung einer Zeichnung von H. E. Köhler
Gesamtherstellung: C. H. Beck'sche Buchdruckerei,
Nördlingen
Printed in Germany · ISBN 3-423-01018-5

Inhalt

Ja, ich hatte wieder Theaterkarten geschenkt gekriegt – der Emil hatte die von de Fürsorge, und konnte den Tag nich hin – und war ich in ›Maria Schtuart‹. Das war diesmal ein Schauspiel, richtig aus dem Leben gegriffen, eine ganz traurige Angelegenheit. Und dann war alles in diese Reimform … oder … nur Gedichte… also, daß das am Schluß immer übernanderpaßte, die Wörter.

Das Stück is übrigens von diesem Friedrich Schiller, und der Mann hat ja einen besonders guten Ruf für solche Sachen, kann man mit reinen Gewissen schon mal hingehn. Braucht man auch keine Angst haben, daß vielleicht wieder nur so moderne Tote auf de Bühne rumsitzen und Blödsinn reden, oder daß se alle aus Mülleimer rauskucken … und dann bei die teure Eintrittspreise!

Na ja, ich wollte aber doch von diese Maria Schtuart erzählen. – Also, das sind nämlich zwei Schwestern, und die Maria is schön, nicht wahr, aber die andere – Lisabeth heißt die – is nich so schön. Die hat auch rote Haare auf'm Kopp, und man sagt ja, wenn einer schon rote Pfannen auf'm Dach hat … is nix mit los! Auch in ihrem ganzen Wesen is die nich so angenehm, und wegen die Schönheit haßt sie die Maria Schtuart, wo die doch ihre Stiefschwester is, kann man mal sehn. Dann will sie die Maria auch nicht auf'm Throne sitzen lassen, weil sie Angst hat, daß die sie dann vielleicht von ihrem Throne schuppsen könnte – die ham nämlich beide einen Thron, die zwei.

Und die Lisabeth hat schwer Angst, weil das Volk die Maria liebt, und wenn einer die sieht, der is gleich ganz weg von ihr – das heißt, der bleibt da, weil er sie nämlich befreien möchte. Ja, die Maria is doch inzwischen im Kerker, wo ihre Schwester sie reingetan hat, nur wegen ihre Eifersucht. Da sieht man also jetzt de Maria Schtuart, wie sie so in den Kerker weilt, kannse nich raus, is wenig Hoffnung. Und dann kommt der eine – mit so ne höhnische Stimme hat der – und liest er ihr das vor, was das Gericht über sie geurteilt hat. Sie nimmt sich da aber nix von an und sagt: »Hör'nse mal, das is doch alles Blödsinn, was Sie mir da erzählen!«, und dann geht dieser Höhnische weg, und kommt der Mortimer. Das heißt, erst versucht der noch, den Kerkermeister – Ritter Paulet heißt der – versucht er zu überreden, daß er vielleicht heimlich still und leise die Maria um de Ecke bringt.

Aber der lehnt das ab, sagt er: wegen seine graue Haare könnt' er sowas leider nich machen.

Ja, und wie die weg sind, kommt also der Mortimer, und der liebt die Maria heiß und innig, weil er hat nämlich ein Medalljong mit ihr'n Bildnis, darin hat er sich so richtig verknallt. Und dann hat er das den Medalljong auch geschworen, daß er sie befreien will. Und noch andere edle Jünglinge ... die wollen alle nix wie befreien.

Aber der Mortimer war erst noch mal zur Erholung weg, daß er schön Kräfte sammelt, für all die Sachen wat er vorhatte. Und war er nach Italien, hat auch dem Papst »guten Tag« gesagt und hat noch Glück gehabt, weil grade Ostern war. Das erzählt er jetzt die Maria Schtuart, wie das da vor sich geht beim Papst, am Osterfeste. Der wünscht nämlich die Menschen von sein'n Balkon aus alles Gute. Und zwar geht dat in zwei Abteilungen vor sich: erst kommen alle Leute dran, die in Rom wohnen ... und dann auch die ganzen andern ... also Neger, Chinesen ... is alles mit bei. Aber das war wunderbar gebracht von dem Mortimer, diese Schilderung!

Dann sagt er noch, sie sollt sich mal keine graue Haare wachsen lassen, er tät sie mit seine edle Jünglinge schon aus den Verlies raushauen, da gäb's kein Vertun.

Ja, und danach sieht man die Maria Schtuart auf eine Wiese. Sie wird nämlich noch ganz gut gehalten, daß se sie immer raustun auf die Wiese und kannse sich'n bißchen frische Luft schnappen. Ich hatte ja auch vor'ges Jahr drei Wochen Knast wegen ... so Verkehrs ... sachen, alles. Da mußten wir auch immer eine halbe Stunde im Kreis rumgehn im Gefängnishof, daß wir frische Luft bekamen, und die Maria Schtuart, wie gesagt, hat die Luft auf ihre Wiese.

Da sieht man se also jetzt, und is sie anfangs noch ganz friedlich und winkt hinter die Wolken her. Das tut sie, weil die in ihr Heimatland fliegen. Sie is nämlich von Frankreich is sie weg. Und is sie dran: »Eilende Wolken, Ihr Segler in die Lüfte« ... und ... äh ... was se da sonst noch vorbringt ... dadurch kommt ihre Sehnsucht ganz schön raus, daß man erkennt, sie möchte gern wieder nach Hause.

Das ist ja auch bei diesen Gedicht von Eichendorff: »Ach, wer da doch mitreisen könnte, in der herrlichen Sommernacht!« ... is dieselbe Sache: wenn der Mensch so Wolken sieht, daß er dann gern verreisen will. Ja, aber das hat hier kein'n Wert, wie soll die Maria das auch anstellen mit die Wolken, kommt se ja allein doch nich drauf. Deshalb fliegen die dann auch weiter, und muß sie auf ihre Wiese bleiben.

Jetzt geht aber die Sache erst richtig los, weil die Schwester zu Besuch kommt. Ach, das war direkt schlimm, wie die zwei Weiber da aufeinanderprallen, und schimpfense sich aus, da konnte man richtig 'n Schrecken konnte man da kriegen. Alle beide warense zugange, bis die Maria Schtuart sagt: Deine Mutter war ja eine Metzgerin! Also, wie die das sagte, da kriegte die Lisabeth vielleicht eine Wut, und mit ihr'n Reitstöckchen hat se inne Luft gefuchtelt vor Zorn, und schreit se noch: »Jetzt is aus!« sagt se, »Feierabend – und wird die Maria Schtuart eben geköpft!« Richtig aus Wut ordnete se das so an ... und dann rauscht se ab. Junge, die war vielleicht sauer!

Aber könn'se sich vorstellen, jetzt is das doch gefährlich für die Maria und hängt schon an ein'n Seidenfaden, da will der Mortimer sie retten, weil er das ja auch den Medalljong zugesagt hat. Aber die andern sind dann viel mehr und stärker, und hammse ihn umzingelt, daß er keinen Ausweg sieht. Ja, und wie er merkt, daß er wohl nich mehr heil rauskommt, sticht er sich dann selber tot. Oh, Mann – aber wunderbar gebracht war das von dem Mortimer, also das hat ein'n richtig überrieselt, so naturgetreu! Nä, der war gut, hammse nachher auch am meisten

geklatscht, wie er da so rauskam mit seine Künstlerlocken, vor'm Vorhang.

Jetzt passiert nicht mehr viel. Die Maria Schtuart wird nur noch geköpft, und zwar unter der Bühne geht das vor sich, schade, konnte man nix sehen. Dieser eine Graf mit den weißen Jackett hört sich das aber an, das heißt, hält er sich die Ohren zu, weil er es nicht hören will. Der is ein Freund von die Lisabeth ... die hat ja kein'n Mann, und da is dieser mit den Jackett immer um sie rum, daß er das besorgt. Aber in Wirklichkeit liebt auch er die Maria Schtuart. Natürlich jetzt nicht mehr, weil ... wie gesagt ... die hat ja nun den Kopp ab.

Aber die andern sind wohl alle nicht so ganz einverstanden damit, und sind se böse, daß die Lisabeth das gemacht hat. Da kommt erst der alte Opa und gibt seine goldene Kette zurück – Oberbürgermeister, oder wat der da war – und sagt noch, daß er in Pension geht, weil er es nicht mehr mitmachen will.

Und dann erscheint ein Abgesandter von dem Graf Lester mit den weißen Jackett und sagt, der wär weg ... woll'n ma sagen, übers Meer wär der ... nach Paris. Is egal, der entschuldigt sich wenigstens!

Und jetzt ist die Lisabeth ganz allein ... is se traurig ... ja, aber was solle machen? Muß se halt sehn, wie se zu Rande kommt. Muß se jetzt ihr Päckchen tragen ... na ja, aber trotzdem – mir hat dat alles richtig schön gefallen!

Der Trobbadur

Kinder, dat is garnicht leicht, ein Graf zu sein oder Baron ...
oder auch nur so'n Freiherr. Der Otto Flasnöcker kann ein Lied
von singen, der muß doch so Leute immer spielen, als Statist
im Stadttheater. Aber er sagt, man könnte sich kaum vorstellen,
wie schwer dat wär.

Und jetzt liegt er davon sogar im Krankenhaus!

Da hattense wieder ein Stück, wo dat nur so wimmelt von
Fürsten und Herzöge und Barone, all so'n Kram. Und wär ein
Regisseur gewesen, der wollte diese Vornehmheit besonders
schön rauskitzeln bei de Statisten, daß die auch ganz naturgetreu
würden.

Mußtense in eine Hand jeder 'n Sektglas balangsieren und
mit die andere, sagt er, sollten se sich öfter mal freundschaftlich

auf de Schulter kloppen : »Na, Herr Graf, wie is denn noch so?«, damit dies feine Getue richtig rauskäme.

Jetzt, der Otto spielt in den Stück ein'n Freiherr, und der Rudi Schnurbusch, oben von die Pferdemetzgerei, war sein Kollege, ein Herzog. Ja, dann wollte der Rudi wohl sehr natürlich spielen und diese gesellschaftliche Sachen besonders echt rausbringen, und hat er den Otto immer wieder so vornehm auf de Schulter gehauen, bis der zuletzt inne Kniee ging, und war ihn der ganze Arm ausgekugelt!

Seitdem liegt der Otto im Krankenhaus, aber nich als Freiherr, sondern schön zu sechs Mann hoch, inne dritte Klasse. Das is aber auch der Grund, weshalb er mir seine Freikarten überlassen konnte, und zwar für die Oper ›Trobbadur‹.

Das war nun eine ganz ernste Angelegenheit, garnix zum Lachen, auch mit allerhand Tote zum Schluß … also, richtig schön aus dem Leben gegriffen.

Diese Trobbadure waren ja im Mittelalter so ähnlich wie heute Vico Torriani oder Freddy Quinn, diese Kanonen, auch immer mit die Gitarre zugange. Und dann zottelten sie so durch die Lande und erfreuten der Menschen Herz. Kamense auf die Burgen geschlichen, da wurden sie freudvoll begrüßt, weil auf die Burgen war das Leben ziemlich langweilig. Die hatten doch ganz dicke Mauern, und wenig Fenster drin, daß se mal hätten rauskucken können für bißchen Kurzweil zu … schöpfen. Das gab's damals nicht. Auch kein Kino und Fernsehen, all diese Errungenschaften, und deshalb besorgte das dann der Trobbadur mit seine Singerei.

Natürlich mußte der ne schöne Stimme haben, is klar, sonst hatte das sowieso kein'n Wert. Aber – ehrlich! – diese Trobbadure waren oft auch richtige Schlickefänger … woll'n ma sagen Casanovas waren die, indem se die Damen schon mal ein Äugsken zupinxten, wenn sie so ihre Stückskes brachten.

Dat durfte natürlich auf kein Fall der Burgherr gewahr werden, sonst – Junge, Junge, konnte aber sein, daß der Trobbadur noch inne Folterkammer landete, dat se ne ganz schön im Verlies … äh … runterließen.

Anderseits, wenn er Glück hatte, war der Burgherr vielleicht grad verreist, oder daß er sogar auf ein'n Kreuzzug befand, dann durfte der Trobbadur vielleicht auch mal paar Tage länger bleiben – wenn die Dame ihm die Sachen da … schön alles erlaubte. Na ja, jedenfalls in diese Oper der Trobbadur, der is ein Ritter, und is am Singen. Und seine Mutter ist eine alte

Zigeunerin ... das heißt, die is auch nich so ganz seine Mutter, sondern ... in frühe Jugendjahre hat sie ihn aus de Wiege geklaut, daß er in Wirklichkeit sogar ein gestohlener Graf ist.

Und der andere, der da immer mit sein'n schwatten Mantel über die Bühne saust, is auch ein Graf und is den Trobbadur sein Bruder, aber wissen die zwei noch nix von, wie das Leben diese seltsame Wege geht.

Jetzt dieser Graf mit den schwatten Mantel, der liebt ja die eine Frau. Da gibt es so zwei Stück Frauen ... und die mit die hohe Töne, die is so richtig sein Fall, singt er auch in eine Tour: »Es kann kein Gott sie rauben mir!« Aber der Trobbadur, der is in seine Ecke zugange und singt: »Nä, bitteschön – von wegen!« ... daß er sie lieber für sich haben möchte.

Nun singen sie also immer durcheinander und immer dasselbe, dat war direkt schlimm. Ich hab mir aber sagen lassen, sowas wär in die Opern üblich – wenn einer beim ersten Mal nich alles kapiert, vielleicht versteht er dat dann beim nächsten Mal. Aber die zwei Brüder waren so laut – ehrlich! –, daß man richtig Angst hatte: hoffentlich hört einer den andern nicht!

Als nächstes kam jetzt ein Akt in der Nacht, da sollte die Frau mit die hohe Töne den Graf mit'n schwatten Mantel heiraten. Und kommt se, als dunkel is, kommt se mit ihre ganze Kolleginnen anmarschiert, daß die sie zum Traualtare geleiten. Und alle habense Kerzen inne Hände, da merkt man gleich: is schwer wat los, heut nacht.

In den Augenblick saust der Trobbadur aus seine Ecke raus, packtse an'n Schlafittchen und will wohl entführen, wat weiß ich. Aber dann ist auch schon der Graf da mit seine Knechte, und alle Mann hoch gehense jetzt auf den Trobbadur – is richtig ein Kampf, der findet da statt – und dann is die Übermacht ganz schlimm, daß der Trobbadur nix machen kann, und kommt er schließlich im Kerker und soll er jetzt geköpft werden.

Nun is aber so, die Frau mit die hohe Töne hatte doch wohl den Trobbadur viel lieber als wie den Graf, und bittet sie den Graf jetzt, ob er den Trobbadur nich ausnahmsweise mal freilassen könnte. Sagtse, dann wollte sie sich ihm auch überlassen ... also, richtig heiraten, alles. Sicher, sagt der Graf, unter diese Umstände könnt' er das ja mal machen – aber der wußte nicht, daß sie sich schon vorgenommen hatte, lieber wie den Graf wollte se dann doch vorher Gift nehmen.

Wie ging dat weiter? ... daß ich das in die richtige Reihen-

folge reinkriege! Also der Trobbadur soll jetzt freigelassen werden, und der Graf will heiraten, aber da sagt die Frau ihm, daß sie das Gift geschluckt hätte und würde sicher nich mehr lange dauern. Und er, in seine Wut, läßt er jetzt doch den Trobbadur 'n Kopp abschlagen. In dem Augenblick schreit aber die alte Zigeunerin: »Es war Dein Bruder!«, und kann man sehn, hat er den eigenen Bruder geköpft, aber is nix mehr zu machen, und steht er ganz belämmert da.

Ja, jetzt passiert sowieso nicht mehr viel. Die alte Zigeunerin kommt auf'n Scheiterhaufen, der Trobbadur is schon sein'n Kopp los, und die Frau, wie gesagt, stirbt von den Gift, sindse bald alle tot!

Nun hab ich mir sagen lassen, das wär auch in die Opern üblich, also zum Schluß sterben da die Leute ... meistens de Frauen, und zwar leiden die dann oft vorher schon an Erkältung. Zum Beispiel in ›Traviata‹, die stirbt an Tb, hat richtig de Motten und gehtse von tot. Oder – noch schöner! – in ›La Bohème‹, die is doch auch schwer erkältet, alles ... schon von Anfang an deutet se ihre kalte Dachwohnung an, is immer am Husten in dem eisigen Zimmer, wo se da haust. Und die hustet dann durch dat ganze Stück, bis se am Ende tot is.

Ja, so eine Oper, die hat fünf Akte und dauert sowieso ein'n Streifen, aber irgendwie wollense auch mal zu Rande kommen, und dafür sind diese Erkältungen wunderbar geeignet.

Zum Schluß is dann fast immer wie in diesen ›Trobbadur‹: Eine Hälfte is tot, liegt so auf'm Fußboden ... Die andere

Hälfte steht drum rum, die sind nich tot ... die sind noch am Singen. Sicher, bißchen traurig is das schon – aber, ehrlich, mir hat dat doch richtig schön gefallen, ich freu mich schon auf nächstes Mal!

Ja, ich hatte wieder Theaterkarten geschenkt gekriegt ... weil bei uns im Haus der mußte zum Kegeln ... und hab ich gesehen: ›Wilhelm Tell‹. Das ist von diesem ... wie heißt der? ... na, jetzt komm ich nicht auf den sein Name ... wissense, der auch Schillers ›Räuber‹ geschrieben hat, diese ganze altertümliche Stücke. Is ja auch egal, wie er heißt. Jedenfalls, diesen ›Wilhelm Tell‹ hat der Mann prima hingekriegt.

Dat spielt alles inne Schweiz, aber is schon länger her. Und zwar waren die Menschen damals ganz glücklich und zufrieden ... hört man ja heute auch noch: »Milch von glückliche Kühe«, sie sind auch aus de Schweiz sind die weg, so daß man sieht, wenn einer da herkommt, der ist dann auch meistens schön glücklich.

Na ja, jedenfalls klappte dat alles mit diesen Glück, bis eines Tages der Landvogt Geßler in das Land kommt. Und der is ja nun wirklich ein Deuwel! Also, am liebsten wär ich erstmal auf de Bühne und hätt'ne eine gefitscht. So richtig unsympathisch war der. Mann, war dat ein Blödmann!

Der quälte das Volk und läßt er sie eine Zwingburg bauen ... da zwingt der die für. Das sieht man jetzt im Anfang, wie se alle als Maurer zugange sind, müssense Speis und Steine schleppen. Aber, mein lieber Scholli, die mußten vielleicht ran! Nicht wie heute: daß se stundenlang inne Baubude sitzen können ... wenn se wat nich paßt, hauense im Sack, gehnse gleich und holen de Papiere.

Nä, dat kam nich infrage bei diesen Geßler, sondern die mußten doch schon mal richtig arbeiten ... damals.

Na ja, wie der Akt vorbei war, geht das dann weiter, und kommt jetzt auch der Wilhelm Tell. Der liebt die Freiheit ... und eine Lederhose ... hat der so an. Da sieht man ne also, sitzt er mit seinen Weibe unter einer Linde, ganz gemütlich die zwei, daß se sich erstmal bißchen unterhalten. Und der Tell erzählt ihr, warum er auch mit den Landvogt einen Knies hat ... oder woll'n ma sagen, daß der sogar richtig ein Pick auf ihn hätte.

Und zwar sind die zwei sind sich mal im Gebirge begegnet, auf ein'n Weg, wo nur einer draufpaßte ... und daß der andere vielleicht runterrutschen mußte – Einbahnstraße oder wat dat da war! Und da hat es der Tell erkannt, wie der Landvogt am

Schwitzen kam, weil er vielleicht derjenige welcher war, der da zerschmettert inne Tiefe sausen sollte. Und diese Angst, daß er das mitgekriegt hat, verzeiht ihn der Mann heute nicht.

Wie gesagt, all die Sachen erzählt jetzt der Willi seine Frau ... und die heißt Hedwig und hat so'n Dirndlkleid an ... und ist überhaupt ganz lieblich anzuschauen.

Das heißt, da war eine: Berta von Bruneck, also das war vielleicht ... Mann, da war aber wat los, bei diese Berta! Schon von den Kostüm her, wat man da oben alles ... na ja, wissense ja Bescheid, könn'se sich ja vorstellen, wat die alles vorzuweisen hatte. Junge, Junge! – schade, daß die nich öfter auftrat! Also wirklich, die hat mir gut gefallen, mit ihr'n Jägerhütchen, wie se da immer so angezottelt kam.

Die andern Schweizerinnen sahen nich so gut aus ... die waren auch alle ziemlich dick, woll'n ma sagen richtige Maschinen waren da drunter. Jetzt sagt mir aber einer, das käm davon weg, die ganze Schweizerinnen in diesen Stück, die wären in Wirklichkeit alle *Sängerinnen* und wären für die eine Sache nur vonne Oper ausgeliehen. Und Sängerinnen, meint er, die müßten schon mal bißchen dicker sein, daß in die mehr Luft reingeht... weil die ja damit dann hinterher ihre Töne veranstalten.

Na ja, jedenfalls der Tell, wie der seine Hedwig das alles erzählt hat, geht er dann weg. Mit sein'n Knäblein, daß die zwei den Opa besuchen wollen. Der Tell erzählt noch so allerhand Geschichten, aber das war schon auffällig: wat der Mann sagte – fast alles nur Sprichwörter, die man auswendig kennt! Vonne »Axt im Haus« war er dran ... äh ... und was er noch alles vorbrachte. Aber sonst is er ganz guten Mutes, singense auch, die zwei ... »Durch die Wälder, durch die Auen, durch Gebirg' und Tal, kommt der Schütze gezogen ...« – ich krieg dat nich mehr so genau hin.

Jedenfalls, mit ihre ganze Singerei kommen sie schließlich in den Flecken Altdorf. Und da hat der Geßler – kann man mal sehn, wat der Mann für ein Karakter hat! – hat er seinen Hut auf eine Stange obendrauf, und verlangt es! Also, daß man ... weiß ich auch nich ... diese Hochachtung und Ehrerbietung ... oder daß alle schön'n Diener machen sollen für seinen Hut, diese Sachen!

Ja, der Willi Tell, der will das aber nich, in seine Eigenschaft als aufrechter Mensch lehnt er das ab und geht er schon mal so dran vorbei. Junge, in den Moment kommen aber auch gleich

den Geßler seine Knechte angeflitzt ... äh ... sagense: bitteschön, er hätt' den Hut nicht »Guten Tag!« gesagt und daß
se ne gefangennehmen müßten, da gäb's kein Vertun.

Indem kommen noch mehr biedere Landleute herbeigeeilt,
und is auch schwer ne Rollerei auf de Bühne, und wie die alle
noch am Rumreden sind und am Schimpfen – steht auf einmal
der Geßler da! Oh Mann oh Mann, da merkt man aber gleich,
daß jetzt die Sache erst richtig am Rollen kommt. Der Landvogt erkennt nämlich sofort den Tell – damals von die Einbahnstraße her – und sagt, er könnt ihn nur freilassen, wenn er
Obst ... nä, nich Obst ... wie sagt man? ... also, ein Apfel
müßt' er von den Knäblein ... von dem sein Haupte, äh ...
müßt' er den schon mal runterschießen.

Ja, der Tell, wat soll der in so ein Fall machen? Muß man sich
mal vorstellen: auf das eigene Knäblein schießen! Sowat Grau-
sames! Und bittet er den Landvogt auch und sagt, er soll sich
was schämen und sollte doch lieber Mensch bleiben. Aber der

Geßler nimmt sich nix von an: »Nein!« sagt er. »Aus! Feierabend! Schießen!«

Na ja, da bleibt den Tell nix anderes übrig. Nimmt er sein'n Flitzbogen – den ham die ja immer bei sich, diese Schweizer – und dann haut dat auch hin ... also, daß er den Apfel richtig schön da runterschießt. Is natürlich die Freude groß und fällt ein'n direkt ein Stein vom Herzen.

Jetzt aber, wie's so geht, durch den Zufall hatte der Landvogt gesehen, wie der Tell da mit sein Reservepfeil am Spinxen war, und fragt er ihn, was er denn damit wohl vorgehabt hätte. Der Tell druckst erst so'n bißchen rum ... aber schließlich will er wohl nich lügen und gesteht er die Sache ein ... also ... sagt er: »Wenn ich das Haupt des lieben Kindes getroffen hätte ...«, meint er, »dann ... äh ... hätte ich wohl *Sie* totgeschossen!« – ja, das sagt er den Geßler schlankweg in't Gesicht!

Au, da is der aber vielleicht böse ... rollt er mitti Augen, daß man richtig merkt, dem paßt das nicht, daß der Tell ihn töten wollte. »Nee«, sagt er, »is schon besser, wenn der Mann jetzt im Gefängnis muß ...« Und dann gibt er die Knechte ein Zeichen, daß se den Tell auf'm Dampfer bringen, und wird er weggebracht.

Die Landleute schimpfen wohl noch bißchen rum, aber hat alles kein'n Wert, und is der Akt dann auch vorbei.

Im nächsten Bild, das spielt inner Nacht, kommen die ganze Schweizer auf dem Berge Rütli, daß sie gegen den Geßler transpirieren. Dieser Volkszorn, der steigt da wunderbar hoch. Sagense: »Jetzt muß aber Schluß sein mit diesen Tirrannen!«, und legense auch gleich schön'n Datum fest, wann se ihn verjagen wollen und dann ... äh ... schleichense von dannen.

Inzwischen war aber folgendes passiert: Wie der Geßler mit dem Tell auf'm Dampfer fuhr, kam ein Sturm daher, daß keiner das Steuer halten konnte, wie nur der Tell, und mußten se ne die Fesseln abtun, damit er das Schiff lenken sollte. Er fuhr aber dann ganz nah an ein'n Fels vorbei – jupp! – gab er den Dampfer noch mit'n Absatz ... also, daß er ihn ins Meer reinschubbste – und war er mal wieder fein raus!

Das war natürlich wunderbar und hat man sich richtig mitgefreut! Aber der Tell sagt, jetzt wollte er doch endlich erst diesen Geßler totschießen, anders hätte dat kein Wert. Deshalb versteckt er sich in eine Gasse, und da läßt er auch sein Leben nochmal vorüberziehen ... diese Selbstgespräche machen die ja viel auf de Bühne. Sitzt er so auf eine Steinbank und is am

Sinnieren. Sagt er: »Auf diese Bank von Stein will ich mich setzen!« Ja, da kennt der nix.

Neben mir saß der alte Herr Stratmann, bei uns aus'n Versand, der meinte auch: »Der Tell muß aber noch'n junger Mensch sein. Wenn der in mein Alter kommt und erst mal Malessen hat mit de Blase und de Nieren ... Junge, da wird er aber überlegen, ob er auf so'n kalten Steinklotz da ... am Sitzen geht!«

Naja, aber der Tell denkt nicht anne Blase und de Nieren, sondern ... wie gesagt, daß er jetzt den Landvogt totschießen will.

Dat dauert dann auch gar nicht lange, da is der Geßler da, und der Tell schießt ne tot, und der Geßler weiß auch gleich wat los is, sagt er noch: »Das war Tells Geschoß!« und ... äh ... mehr kann er schon nich mehr sagen, weil ... also, is er schon tot.

In dem Augenblick kamen aber die ganze Schweizer um de Felsen gesaust, de Maurer vom Baugerüst waren alle wieder da, und de Kühe konnten wie früher »glückliche Milch« geben – also de *Freiheit*, nicht wahr, merkt man, daß das alles wieder schön inne Reihe is.

Und dann war das zum Schluß ein wunderbarer Anblick, da kam das Morgenrot, oder wat dat da vorstellen sollte ... die Morgenröte ... kam so über de Berge anmarschiert, auch nochmal als ein Zeichen für diese Freiheit, daß die wieder da war. Und de Glocken taten läuten und alle warense am Winken ... und ging der Vorhang bei zu.

Aber das ganze Stück, das war wirklich prima aus dem Leben gegriffen, und konnte man sehen, wie das manchmal alles so geht. Muß ich schon sagen, das hat mir richtig schön gefallen!

Ja, ich war mal wieder in diesen Musentempel – schön »für lau«, dat is klar, die Karte hatte ich von Rektor Spiekermann geschenkt, weil der konnte den Tag nich hin, wegen seine Gicht. Und hab ich gesehen diesen Richard Wagner, den sein'n ›Lohengrin‹.

Aber das war diesmal kein Luststück, sondern – wie soll ich sagen? – wohl mehr eine Oper ... auch mit Musik, alles – mal wat anderes, aber eigentlich auch ganz schön.

Nun is dieser Wagner ja ein bekannter Mann auf den Gebiet, gilt sogar als der schönste Komponist, den wir in Deutschland haben! Und seine Sachen sind doch berühmt schon allein aus'm Wunschkonzert. Dies herrliche »In fernen Land, unnahbar Eure Schritten«, das sind ja wirklich einschmeichelnde Melodien, wie man se nich alle Tage zum Hören kriegt.

Der war – wußten Sie dat schon? – sogar ein Freund von den bayrischen König Ludwig, der damals so wunderbar gespielt hat in dem Film mit die Romy Schneider. Und is eine Schande, daß er dann in den See gebadet hat mit den Doktor Gudden und haben sie noch gekämpft, aber weiß die Wissenschaft bis heute nicht, was los war, weil sie sind ja dann untergegangen ... also woll'n ma sagen, richtig ertrunken.

Na ja – is egal, jedenfalls mir geht dieser Richard Wagner schwer an de Nieren. Ich weiß nicht, das is eine Musik ... also daß man so richtig *edel* is, wenn man die hört!! Und faßt man dann meistens auch gleich Vorsätze, man will ein besserer Mensch werden ... de Frau viel schöner behandeln – alles wegen diesen Richard Wagner, kann man mal sehn, wat der Mann für geheimnisvolle Kräfte da ... äh ... bei sich hat.

Nun hab ich mir sagen lassen, Wagner wär sowieso einer von die ganz wenige Musiker, die noch alle Töne in die Melodien reinpacken. Ehrlich, da wären von diese moderne Komponisten, diese junge Hüpper, die machten nur noch mit sechs ... oder zwölf Töne, das wär bei die schon die Höhe der Gefühle. Aber dieser Wagner, wie gesagt, der packt noch schön alles mit rein – is klar, dadurch is er dann natürlich auch bißchen lauter wie die andern ... oder is er vielleicht sogar am lautesten, aber is schon eine Wucht, sonst kämen ja auch nich jedes Jahr soviel Leute in sein Bayreuth, das is doch da richtig berühmt für.

Jedenfalls war dat schön, so eine Oper mal von Anfang bis Ende zu erleben, wie dat alles fluppt. Die fangen ja bei zuem Vorhang schon an, und spielense zuerst die ganze Melodien an ein'n Streifen, alles was später so auftaucht. Das is aber nur, damit man sich an die Musik erst mal gewöhnen soll. Und is natürlich wichtig – grad bei den Richard Wagner – daß man dann hinterher nicht so'n Schrecken kriegt.

Nach diesen Potpurri ging dann der Vorhang auf. Und war schon diese Elsa von Brabant zugange, war sie am Singen ... und am Schimpfen! ... weil ein Ritter Telramund – dat is aber auch wirklich ein heimtückischer Geselle! – sagt sie, der hätt' ihr ihr'm Land geraubt und ihre Kindlein ... da ... also, weiß ich auch nich. Jedenfalls ganz krumme Sachen hätte der gemacht und is sie am Beschweren und sucht sie jetzt ein Kavalier, der ihn mal anständig Bescheid sagt, wat los is.

Das war in die damalige Zeit nämlich so Sitte: die machten dann ein Duell, und wenn einer übrigblieb, der ... freute sich natürlich, kann man sich ja denken. Aber der hatte dann auch den ganzen Prozeß gewonnen.

Und jetzt sind die Herolde in alle Windrichtungen sindse mit ihre Trompeten zugange: Tatitata! Bitteschön, is denn hier keiner, der mal mit diese Elsa ... da ... – also nicht etwa gleich heiraten oder so Sachen – sondern daß einer den Telramund anständig de Leviten liest.

Aber wie's oft is im Leben: in der größten Not gehen keine Freunde auf ein Lot! Trotzdem daß die Herolde immer wieder am Rumfragen sind – meld't sich kein Aas! Da denkt man schon: »Junge, Junge dat steht aber gar nicht gut für diese Elsa!«, aber in'n letzten Augenblick – also ehrlich, das hätten Sie sehn müssen, das war vielleicht ein wunderbarer Anblick! – da haben die auf einmal ein Licht angeknipst hinten auf de Bühne. Dat war aber richtig, daß man sich schütteln konnte: alles strahlend hell. Und kam dann dieser Lohengrin mit sein Schwan angerauscht: er so mit seine blonde Locken auf ... die goldene Zügel inne Faust ... und der Schwan auch ganz etepetete ... so kamense da an, die zwei.

Jetzt saß ich oben auf'm Balkon, weil der Spiekermann kann die teure Plätze nich bezahlen, weiß man doch und schimpfen die Lehrer ja genug drüber, über ihr'm wenigen Gehalt. Von diesen Olümp konnte man so richtig schön in den Schwan reinkucken, also die Geheimnise der Tierwelt da mal bißken erforschen. Aber glauben Sie vielleicht, ich wär dahintergekom-

men, wie die dat gemacht haben, daß der Schwanenritter auch
wie angegossen in dat Tier reinpaßte? Nix zu machen! Ich hab so
gespinxt, aber hab dat einfach nich spitzgekriegt.

Nun war ja bei uns auf de letzte Herbstkirmes ... da hatten
die ein'n Walfisch Jonas – dat war dieselbe Angelegenheit!!
Oder woll'n ma sagen: der war noch viel schlimmer. Ehrlich,
da konnte man richtig in den sein Kopf rein, besichtigen – kost't
fünfzig Pfennig Eintritt, dat is klar – aber dann waren da mindstens ein Dutzend Seeleute, die waren am Tarockspielen ... alles
in dem Kopp von den Jonas! Und hattense auch ein Tresen
aufgebaut ... und der Kapitän von diese Matrosen, der hat sogar
ein Vortrag gehalten über Walfische, wie dat da alles funktioniert.
Is klar, wenn einer Interesse hat für diese zoologische Ereignisse,
war dat hochintressant, wat der Mann erzählte!

Der sagte zum Beispiel, Walfische wären die größte lebende
Lebewesen! Und die wären auch Säugetiere, alles – also eigentlich wären sie richtige Menschen. Oder nä – Augenblick! – doch
nich Menschen ... Junge, wie war dat noch? ... mit die Kühe,
sagt er, da wären die Walfische wohl am meisten mit verwandt.
Ja, könn'se schon sehn, die Jungen von den Walfisch die heißen
sogar auch ›Kälber‹, also daß man daran die Sache mit die Kühe

... verstehense? ... kann man eigentlich ganz leicht erkennen, wie das da zusammenhängt.

Dann sagt der Kapitän, Walfische wären in frühe Jugendjahre ... oder Jahrhunderte ... also ganz früher mal, da wären die sogar auf'm Land rumgelaufen, richtig mit Füße, wie sich dat gehört. Aber dat ging nur kurze Zeit, nämlich eines Tages da hatten sie wohl kein Spaß mehr dran, und wärense im Meer rein – alle Mann hoch!

Und diese *Füße* hätten sie sich dann *Flossen* von gemacht ... natürlich nich von ein Tag auf'm andern, sondern ganz pö a pö – durch die Jahrhunderte! Aber da war einer, der sagt so schön: »Ja, von wegen ›Flossen gemacht‹ – wahrscheinlich haben sie Knies mit de Haifische gekriegt, daß die sie mal eben kurz angeknabbert haben!« Aber, dat hat der nur so aus Spaß gesagt, dat war nämlich so'n Witzbold – ach Junge, wir ham vielleicht gelacht!!

Die Walfische haben auch heute noch warmes Blut, obwohl sie doch schon soviel Jahre in den kalten Meer rumsausen, und

sagt der Kapitän, das käm immer noch von ihren damaligen Landaufenthalt her.

Dann haben sie ja außen rum diesen Tran, dadurch sind Walfische auch schön wasserdicht. Dat is wie beim Barras, da mußten wir doch auch de Stiefel immer mit so ein'n Tran wienern, daß dann de Soldaten keine nasse Füße kriegten ... das is hier wohl derselbe Vorfall.

Ja wat war noch? In dem Kopp von den Jonas hattense noch so Plakate angeschlagen mit seine ganze Personalbeschreibung: 1 Walfisch = 150000 Kilo schwer. Das muß man sich mal vorstellen! Sagt der Kapitän, das wäre soviel wie 37 Elefanten, oder 150 Ochsen, oder Menschen ... ah ... also noch mehr, wat da auf ein Ochse geht. Überhaupt sind die Tiere sehr nützlich für den Menschen: Kunstdünger und Lebertran kann man davon machen ... dann: Spielmarken, Mantelknöpfe ... bei de Eskimos kommen de Walfische immer inne Lampen. Aber am wertvollsten wären diese Tiere für die Damenwelt. Und zwar sagt der Kapitän, da wär an eine geheime Stelle in den Tier, die hat er auch ganz genau erklärt, da hätten die dies »Ambra« – und da machte man die teuerste Parfüms der Welt von, dann noch Räucherkerzen für de Haremsdamen, all so'n Quatsch. Jedenfalls hätten die Damen die hätten da den meisten Luxus von.

Auch Korsettstangen, die wären ganz große Klasse, wennse von ein Walfisch stammen, weil dann tun die sich wohl viel besser da drum rum biegen – woll'n ma sagen diese Ela-sti-zi-tät, dat wär da richtig Klasse.

Nä, aber wennse sich mal richtig so'n Tier vorstellen wollen, müssense mal dran denken: allein der Kopp von ein Walfisch is 5 Meter lang und 3 Meter hoch – also *mehr* als in'n Sozialen Wohnungsbau!

Ein Schwager von mir, der hatte grade bei de Jubilarfeier inne Tombola hatte der so eine Nordreise gewonnen ... nach Grönland. Wollte er sich mal diese Mitternachtssonne bißchen bekucken, diese Sachen. Aber der sagt auch, jetzt wo ich den Jonas kennengelernt hab, was das für Kafenzmänner sind, diese Walfische – lieber nich! Junge, die hauen ja, wennse wollen, so'n Schiff wie eine Streichholzschachtel im Meer kaputt. Nun will er versuchen, ob er dies Grönland nich umtauschen kann. Die Tage war er schon bei'n Personalrat, glaubt auch, daß die zustimmen, und fährt er stattdem dann ... also, mit die Lisbeth zusammen, fahrnse jetzt als Ersatz nach Bad Neuenahr. Dat is ja dann auch weniger gefährlich.

Ja, mir war das aber mal richtig intressant, diese Geheimnisse der Tierwelt oder ... äh ... des Meeresgrundes ... also, wat man da doch alles noch nich Bescheid weiß. Sicher, ich meine so'n Walfisch is mindstens 100, 200, 300mal so groß wie der Schwan von den Richard Wagner, den ich ja auch schon mal erwähnt hatte – aber is doch hochintressant, die zwei Tiere auf diese Weise jetzt ganz genau kennengelernt zu haben!

Eine Gedenkrede

*Adolf Tegtmeiers Rede zum Jahrestag
der Kriegsbeendigung*

Meine liebe Arbeitskolleginnen und -kollegen!
Augenblick, sagt den Ober mal, der soll jetzt kein Bier mehr
servieren! Schluß! Aus! Nix mehr! So ein Kokolores – is doch
jetzt *Festansprache!*
    Meine liebe Arbeitskolleginnen und -kollegen!
    Wenn wir heute, am Jubiläumstage des unseligen Kriegs-
ausganges, einmal zurückblicken auf die Zeit, die hinter uns
liegt, dann möchte ich es mit dem Dichterworte – – ... äh ... also
den Dichterworte möchte ich ... es anknüpfen: »Immer vorwärts – nie zurück – in die Zukunft geht der Blick!«
    Aber wenn ich trotzdem einmal – ausnahmsweise! – unsere
Blicke zurückwerfe auf die Jahre, die hinter uns liegen, dann
erkennen wir wenigstens, daß (mit erhöhter Stimme) es ja
schließlich der arbeitende Mensch gewesen ist, der das Vaterland
nach die unsägliche ... äh ... Sachen da – – also, der (noch
lauter) aus die Ruinen das Vaterland erst wieder ... auf die Beine
gestellt hat!
    Das sollen die Herrschaften oben doch einsehen (sehr ent-
schlossen) und sollense uns den gerechten Marktanteil ... woll'n
ma sagen dies Sozialprodukt, das sollense endlich da mal rausrücken! Wird aber Zeit!
    Sicher, *vieles* ist erreicht worden in die ganzen Jahre – is klar,
und da sagt ja auch kein Mensch wat gegen. Aber *vieles* muß auch
noch erreicht werden!! Denn *vieles* ist doch versäumt von die
Herrschaften! Ich denke nur an die *viele* Gebiete, wo nämlich
noch *viel* mehr erreicht werden mußte!!!
    Seht mal, wir bezeichnen uns heute so gerne als der »Wohl-
stand« – aber Junge, Junge, wenn man mal dahinterkuckt, da is
doch nicht alles Gold, wat glänzt! In der heutigen Konsumge-
sellschaft, natürlich kann sich da jeder Fernsehtruhe und Kühl-
schrank leisten, oder daß einer dick Butter auf'm Brot und'n
Gefrierhuhn im Pott hat. Aber das ist ja grade die Gefahr, Kolleginnen und Kollegen, wenn nicht auch die *geistige* Genüsse ...
oder nä – *geistige* Sache, wenn das nicht alles schön mit bei is!
    Fragt mal den Paul, der hat doch als Arbeitsdirektor zwei

Jahre schon seinen feinen Posten. Aber was meint Ihr, wie der sauer ist, müßt mal hören, wie der heute stöhnt. Die Tage sagt er zu mir: »Wär ich den Posten nur erst los – auf dat Moos wollt' ich doch liebend verzichten!« Sicher, als Arbeitsdirektor sitzt er in'n Aufsichtsrat, is er paritätisch, und hat er sein Anrecht! Und wennse abstimmen, is klar, können se gar nicht ohne ihm, also daß er immer schön sein'n Senf beitun muß, der Paul.

Aber er sagt, das Schlimme wären ja die tragische Sachen im Hintergrund, das is ja, was ein'n Mensch ruiniert. Immer die viele »Kalte Büffets«, wo der Paul sowieso nix verträgt, mit sein'n Magen. Oder diese Prominentenjagden, und er kann doch nicht mal schießen, und will das die Tiere auch gar nicht antun. Aber – er muß mit bei sein und läuft noch Gefahr, daß sie ihn mit so ne Wildsau verwechseln, und daß er schön eins auf'm Pelz gebrannt kriegt. Sagt er, das wär dann nach so viele Jahre Wiederaufbau aber ein schönes Sozialprodukt!

Oder kuckt mich an, Kollegen! Ich hab Posten angeboten gekriegt in die Jahre – noch und noch! Aber (sehr laut) ich habe die Sache abgelehnt!!! Und dann sind die Herrschaften gekommen und haben gefragt: »Ja, was ist denn los? Sind Sie denn nicht zufrieden? Sie haben doch Ihr'n Wohlstand, Fünf-Tage-Woche, 13. Monatsgehalt. Und fahren ein'n schicken Wagen, haben verlängerten Urlaub, alles!«

Wißt Ihr, was ich denen gesagt hab? Ich hab gesagt: *Ja – und*?? Ich sag: Aber was kommt dann??!!

Und – mein lieber Scholli – da hättet Ihr mal die Gesichter sehen müssen! Die haben vielleicht dumm gekuckt! Da war doch mal einer, endlich, der sie die Wahrheit gesagt hat! Glaubt mir, Kollegen, wir müssen wachsam sein und zusammenstehen – grade heute in der pluralistischen Gesellschaft! – denn sie wollen doch schon wieder ... nicht wahr? ... das sieht man doch überall, wo der Hase herläuft!

Aber, nä – ich laß mir nicht durch'n Eisschrank oder 'n dicken Wagen den klaren Blick verstopfen, da muß aber einer kommen, der sich die Hose mit der Kneifzange zumacht!

Achtet mal auch auf die Gefahren, die jetzt am Horizonte zusammenballen ... diese Automation, die da auf uns losmarschiert! Is klar, ich denke jetzt nicht an Zigarettenautomat oder Musikbox, das sind ja wunderbare Errungenschaften, die den Mensch sogar ganz schön erleichtern. Nein! – aber wenn man

die Kollegen zu Roboter machen will – daß einer nach Haus kommt und mit alle Glieder zuckt, daß die Familie ihn kaum wiedererkennt ... Oder wenn altgestammte Arbeitsplätze durch die Automaten da am Wackeln fangen!

Kollegen, dann heißt es: »Zusammenstehn!« – denn wenn wir einig sind, werden die Herren es eines Tages einsehen, und wird das Sozialpaket noch so selbstverständlich sein wie heute ne Fahrt zum Mond! Ehrlich!!

Nun, meine Lieben, wir wollen aber nicht nur den Ernst des Tages ... sondern auch die fröhliche Zukunftsmusik ... äh ... oder: die Zukunftsaussichten ... wollen wir uns drauf freuen. Wenn wir zusammenhalten, wird die Sache klappen, hab ich gar keine Bedenken, und wird der Mensch trotz seiner Massengesellschaft doch noch zu dem Glücke gelangen, was er sich seit *Jahrtausende* ... –– also, woll'n ma sagen, daß die Menschheit da ... äh ... *jahrelang* schon von träumt!

Diesen Ernst der Stunde, wie gesagt, wollen wir bedenken – die Kegelbahn is sowieso erst ab 18 Uhr auf! Ja, das hab ich beinah ganz vergessen, wir konnten den Wirt leider nicht mehr breitschlagen, da is eine Gruppe vor uns, aber die hauen 18 Uhr ab, dann sind wir dran!

Ich möchte noch ansagen: hier is Kartoffelsalat übrig und Maggonäse ... auch noch Rollmöpse sind da ... daß keiner hinterher kommt, er hätte Kohldampf geschoben!

In diesem Sinne danke ich nun für diese Ausführungen, und wünsche Ihnen noch viel Spaß mit alle Kolleginnen und Kollegen an diesen heutigen schönen Gedenktag.

Also, alles Gute! – bis die Tage!!

Der Antrag

Ein Stenogramm

Nä – geh mir doch weg! Da sollte man dat aber wirklich nicht für möglich halten, daß man es hier mit denkende Menschen zu tun hat ... benehmen sich wie de Kinder, is doch wahr! Aber ich meine ... es kommt ... es gibt ... es ist noch nicht aller Tage Abend, und da gibt's für manch einen, der heute glaubt ... nicht wahr ... daß er so schön ... sich auf dem hohen Pferde glaubt ... der wird eines Tages aber ganz traurig aus de Wäsche kucken. Denn dann kommt das dicke Ende, das böse Erwachen, und das wird für manch einen ... der wird sich aber ganz schön umkukken. Wird vielleicht noch der Moment kommen, wo er sagt: Hätt' ich damals doch auf Deine Worte gehört, hätt' ich mir das mal eher überlegt! Ja, Junge!

Aber ich meine – Norbert, ich nehme Dich als Zeuge! Du weißt, wie ich seinerzeit auf de Delegiertenkonferenz ... da habe ich schon das Wort ergriffen, nicht wahr, und hab gesagt: Kollegen, ich glaube, daß wir hier auf einen ganz gefährlichen Holzwege ... äh ... uns drauf befinden, nicht wahr ... daß wir nämlich lieber sehen sollten, wie wir überhaupt erstmal den Antrag gestellt kriegen! Ohne den is doch die Sache ... also, da liegen wir doch schief ... und kommen die andern uns zuvor, weil »wer zuerst kommt, mahlt zuerst«, dat is doch immer so gewesen.

Und ich habe warnend immer wieder ... hab auch den Oskar, damals wie wir den Karl-Heinz Stratmann beerdigten, da gingen wir auf'm Friedhof im selben Glied, da hab ich noch zum Oskar gesagt: »Oskar, glaube mir, wenn wir jetzt nich uns ranhalten und sehn, daß wir für unsere Kollegen da ... die Intressen ... auch mal – nicht wahr? – ... dann is dat doch zu spät! Dann kommen die andern uns doch ... und ... äh ... dann schnappen die uns dat Beste vor der Nase weg!«

Ja nu, Ihr kennt ... Ihr wißt, Oskar, der glaubt, daß ohne ihm überhaupt nich ... daß er der einzige Mensch wär – is nur schad, daß er nich hier is, ich würd' ihn das aber genau in't Gesicht rein sagen! – der meint doch, nicht wahr, daß ohne ihn solche Sachen gar nicht ... äh ... – – und wenn ich schon seh', wie er immer alles allein machen will und keinen andern de Nase reinhalten ... hat er doch Angst, daß ihm vielleicht einer mal irgendwie an sein'n Posten rütteln könnte. Junge, Junge, ich würd mich schämen!

Aber, ich meine, der Mann wird ... der wird eines Tages auch ... äh ... wird er den Kollegen Rechenschaft ablegen müssen! Er soll nämlich nicht glauben, daß die alle so dösig sind, wie er vielleicht meint, dann geht der Krug aber mal solange zum Brunnen, bis er zerbricht.

Denn eines Tages, da kommt das böse Erwachen und wird er zur Rechenschaft gezogen. Dann wird es heißen: Bitteschön – hier – wie war das denn? Warum habt Ihr Pflaumenauguste nicht den Antrag gestellt, wie es immer wieder die warnende Stimmen ... äh ... gesagt haben?!

Aber »Nein«, sagtense damals, »dat hat ja Zeit, wir werden das schon bei Gelegenheit ...« – »Nä, nicht ›bei Gelegenheit‹«, sag ich, »sondern jetzt müssen wir das machen, wir ham doch sonst den Termin verstrichen!!«

Na ja, ich habe wenigstens eins: ich hab das gute Gewissen, daß ich für meine Person ... also, ich hab ja damals auch auf de Konferenz in Bad Meinberg ... nich, da hatte ich mich zum Wort gemeldet und hab gesagt: »Bitteschön, ich möchte hier

jetzt endlich mal ... äh ... die Sache klar ... reden!« Dann hieß
es: »Ja nu, das ist aber nicht auf de Tagesordnung –«, ich sag:
»Wieso?« sag ich, »ich habe doch den Punkt angemeldet!« – und
der Schriftführer mußte es bestätigen. Denn meintense: »Sicher,
aber mit der Zeit kommen wir nich aus.« Ich sag: »Dann nehmen
wir die Zeit«, ich sag, »dat is eine Resolution gefaßt ... und
wenn wir morgen den ganzen Vormittag noch dransitzen ...
aber wir müssen doch jetzt endlich mal hier die Klarheit gewinnen!«

Na ja, Ihr wißt alle, da sind dann in solche Fälle immer gewisse Herrschaften, die Angst haben, daß vielleicht auch an
ihrem Throne mal gerüttelt werden könnte, nich, dat kennt Ihr
ja. Die fingen dann an: »Ja«, sagtense, »is ja schön und gut, aber
wir glauben doch, daß das auch auf anderem Wege ... so durch
vorher nochmal Kontaktaufnahme ... gelöst werden kann ...«
Ich sag: »Kontaktaufnahme ham wir noch und noch versucht ...
immer wieder! Aber jetzt sprechen hier die Paragraphen. Und
wenn wir den Antrag gestellt haben, geht die Sache ihr'n Weg,
und geht vor de Ausschüsse ... dann müssen die ja ... also, sind
sie sogar verpflichtet! ... dann müssen wir umgehend ein'n Bescheid kriegen, und is die Sache wenigstens am Laufen.«

Aber nein, ja, is gut, schön, die Herrschaften vom Vorstand! ... die wissen dat besser. Sollense! – sollense aber auch
sehn, wo sie den Karren hinfahren, und sie sie dann eines Tages
den Kollegen verantworten müssen! Wenn die fragen: »Bitteschön, was is denn los? Weshalb stehn wir hier schlechter da,
als wie andere Landesverbände?«

Dann werde ich aber beantragen, daß wir einmal die Namen
nennen wollen, und soll der Farbe bekennen, der es hier im Interesse der Kollegen vermasselt hat ... oder die Kollegen ...
da ... nich wahr? Die sind ja schließlich diejenigen, die es hinterher ausbaden müssen und die Vorteile nicht bekommen, was
andere schon seit Monaten ... teilweise seit letzten Sommer sind
die andern doch schon zugange, und das ist doch nur dieses Ver-
säumnis! Denn jetzt, ob wir nach so langer Zeit überhaupt noch
zum Zuge kommen, is ja die ganz große Frage. Es kann nämlich
sein, daß es heißt: »Bitte, der Termin ... haben Sie das nicht gewußt, daß da eine Frist abgelaufen ist, wo Sie vorher einen Antrag stellen mußten? ... – ja, das tut uns leid!« Und was ham wir
denn dann? Da kucken wir inne Röhre und können drei Jahre
warten, bis wir überhaupt mal wieder die Möglichkeit haben,
nur unsern Antrag zu stellen!

Nä, aber ich hab ja auch in Bad Meinberg hab ich noch gesagt:
Kollegen, es mag vielleicht sein, daß der eine oder andere
glaubt, ich bin nur hier so ein Querelant, daß ich vielleicht gegen'n Hauptvorstand was ausrichten will. Ich sage, diese Dinge,
sag ich, diese Eierschalen hab ich nicht mehr hinter die Ohren!
Nämlich, ich will das Interesse der Kollegen, und sonst überhaupt nix! Die haben mich gewählt und bin ich für verantwortlich. Sonst müßte ich mich ja schämen, wenn ich hier ... dann
kann ich ja gleich in'n Sack hauen und sagen: macht Euern
Kram allein!

»Ja«, sagtense dann, »gut, is wunderbar, und wir erkennen das
ja auch an –« Ich sag, ob Ihr das anerkennt, sag ich, is mir doch
egal!! Ich will hier, daß jetzt die Beschlüsse gefaßt werden, und
daß wir endlich weiterkommen ... daß wir die Kollegen in den
Genuß setzen, was andere schon bald jahrelang ... die Früchte ...
da genießen ... alles.

Jawohl, hieß es dann, gut, wir wollen das ... wollen das pro-
tokollieren – und Ihr kennt ja auch den Oskar, der is dann wieder
so ganz weich dazwischendurch, sagt er: »Ja, ja, wir wollen mal

sehn!« Ich sag: »*Du* bist verantwortlich! Ich werde dann nämlich vom Leder ziehn und Nägel mit Köppe machen ... ich werd'
die Herrschaften aber beim Namen nennen, ohne Rücksicht auf
Verluste, da kannste Dich drauf verlassen!«

Ach, geh mir doch weg – grad der Oskar! Ich meine, dat is
klar, er hat seine Verdienste. Aber er hat auch manche Sache – –
nich war, die is versiebt, und wenn einer fragt »wer?«, dann:
bitteschön! Da hat der Oskar soviel Dreck am Stecken, und es
is ja auch noch nich aller Tage Abend, das wird bestimmt soweit
kommen, daß die Untersuchung geführt wird und es heißt: Hier,
wo is ... wo sind die ganzen Sachen ... wer is da der Schuldige?

Aber dann! Junge, dann wird er sich wieder hinter so allerhand
Leute verkriechen ... ich kenn den Oskar lang genug, braucht
mir keiner wat drüber erzählen. Sicher, rein menschlich is er ein
richtig lieber Kerl, ich persönlich hab ja auch garnix gegen ihn,
seit Bad Meinberg duzen wir uns sogar – aber der is doch auch
ganz schön hinterhältig ... so still hintenrum fischt der Mann
da meistens im Trüben, ich hab ne genau erkannt. Dat hab ich
ihm auch glatt ins Gesicht gesagt! Ich sag, Du bist der feine
Mensch, den Du immer vorkehrst, bist Du für mich schon lange
nicht! Ich sag, da müßtest Du nämlich mal erst Deine Verspre-
chungen für die Kollegen auch einhalten ... dann können wir
uns wiedersprechen.

Na ja! – Ich werde jedenfalls kein Blatt mehr vor den Mund
nehmen, werd' mir auch nicht das Wort verbieten lassen, wenn
es um so lebenswichtige Dinge geht, sondern ich werde darauf
bestehen, daß die Sache jetzt aber mal ... äh ... also ... daß wir
da endlich die Klarheit gewinnen.

Ich weiß, ich hab mir heute ganz schön Feinde gemacht. Ich
weiß auch, daß manch einer is, der vielleicht denkt, daß er einen
bequemeren 2. Vorsitzenden lieber hätte.

Aber ich muß ja schließlich die Verantwortung tragen ...
wenn ich sehe, daß die Kollegen mich gewählt haben, dann tue
ich die Sache auch und ... äh ... will ich das Vertrauen ... nicht
wahr ... das bin ich den Leuten doch wohl schuldig, die mich
da ... delegiert haben.

Wie gesagt, ich kann eben nich anders, muß mir immer wieder
Feinde machen, aber da kann ich keine Rücksicht drauf nehmen
... die Dinge mußten ja mal ganz offen ausgesprochen werden. Is
nur gut, daß einer hier den Mut hatte, so daß jeder im Saal jetzt
Bescheid weiß, und über all die Sachen ab heute Klarheit herrscht.

Gottseidank, daß es endlich soweit is!

Drei Maireden

Der Personalratsvorsitzende spricht:

Meine liebe Arbeitskolleginnen und -kollegen!
Nachdem unser Doppelquartett durch seine schöne Weisen den ersten Morgengruß für uns . . . äh . . . gemacht hat, möchte auch ich Ihnen an diesem schönen Maienmorgen einen recht guten Verlauf . . . also, daß wir einen recht guten Verlauf haben, möchte ich es Ihnen wünschen – – Ihnen allen!

Wir sind ja heute wieder am ersten Mai angekommen, dem Tag, an welchem die Arbeit ruht, aber ihrer doch einmal gedacht wird, zur Ehre des arbeitenden Menschen, weil es ja der arbeitende Mensch ist, nicht wahr, der das Schicksal eines Volkes bestimmt, und wir dürfen voll Stolz fragen, wer es denn wohl war, der nach den großen Zusammenbruch durch seiner Hände Arbeit die Sache . . . nicht wahr . . . daß die Räder wieder rollen konnten für . . . äh . . . das Vaterland, und eine Blüte ohnegleichen das Vaterland . . . woll'n ma sagen, daß es wieder aufblühen konnte, das Vaterland.

Kolleginnen und Kollegen, ich will Ihnen hier keine große Volksrede halten, Sie merken schon, das liegt mir überhaupt nicht. Aber was ich noch sagen wollte, ist der Ernst des Tages, den wir einmal nicht vergessen sollten, auch wenn es uns gelungen ist, heute zum Drachenfels zu fahren, daß wir wieder neue Kräfte dabei sammeln, das ist dann ja auch zum Wohle der vielen Menschen in Stadt und Land!

Aber, meine liebe Arbeitskollegen, wir wollen trotz den Drachenfels im Auge behalten, daß die Errungenschaften erkämpft worden sind von unsere Vorgänger . . . oder Väter, und daß wir nun nicht auf den Lorbeeren ausruhen können, denn das wäre *sehr gefährlich!*

Sicher, wir haben es durchgesetzt, daß wir heute als *Menschen* dastehen, und sogar die Betriebsleitung muß es inzwischen anerkennen. Aber Kollegen – Wachsamkeit muß trotzdem die Parole sein, damit es nicht bei Nacht und Nebel wieder anders wird, wie einige Herrschaften gerne hätten und sind schon wieder am Drehen!!!

Nun, ich sagte bereits, ich will mich kurz fassen, wir wollen heute nicht an diese Dinge denken, sondern die Stunden genie-

ßen, wie die Kegel fallen – das nur mal als Spaß gesagt. Das heißt, da ist sogar ein tiefer Sinn dadrin! Wir wissen ja noch nicht, wie Petrus gesonnen ist, da hinten am Himmel das sieht nicht grade schön aus ... sind paar ganz dicke, schwatte Wolken mit bei. Wenn es nun regnen sollte, haben wir zwei gedeckte Kegelbahnnen zur Verfügung – Bundeskegelbahn, is klar –, und wollen wir die Zeit schon rumkriegen.

So, ich glaube, die Autobusse sind da, dann kann's ja losgehn! Ich persönlich fahre leider mit Direktor Sommerkamp, daß wir vorher nochmal alles nach dem Rechten sehen. Ich wünsche Ihnen gute Fahrt und viele schöne Stunden und Erlebnisse mit alle Kolleginnen und Kollegen.

Der Firmenchef spricht:

Sehr geehrte Damen und Herren!
Meine Arbeitskameraden!
Liebe Betriebsfamilie!
Ich darf Sie am heutigen Festtage recht herzlich begrüßen, und
ich muß Ihnen sagen, ich konnte eben gar nicht anders, als Sie
»*liebe Betriebsfamilie*« nennen, ich weiß nicht, ob Sie das überhaupt bemerkt haben, seien Sie mir jedenfalls deshalb nicht böse.
Aber wenn ich Sie alle hier vor mir sitzen sehe: so nett, so
schmunzelnd, guter Laune, nicht wahr, also wirklich eine große
Betriebsfamilie, dann freut mich das doch immer wieder, daß
das bei uns so schön und liebenswert ist. Und Sie wissen, eine
Familie, die sich gern hat und zusammenhält, ist doch immer
noch die Zelle des Wohlstandes, die Zelle, nicht wahr, aus der
dann auch die Zukunft unserer Kinder ... äh ... rinnt, nicht
wahr. Wir ziehen ja nun einmal alle an einem Strang, und es ist
auch im Betrieb wie in einer guten Familie, wo der Hausvater,
nicht wahr, sagt: das und das muß gemacht werden, und jeder
weiß, Vater macht das schon gut, der denkt bei allem ja nur an
die Seinen ... und so weiter ... und so fort. Da läßt man sich
dann auch nicht von außen irgendwie beeindrucken, sondern
sagt: »Bitteschön, das ist bei uns alles in Ordnung, da brauchen
wir niemand, der uns da reinredet!« ... nicht wahr ... äh ... Sie
wissen ja – nicht wahr ... – Schön!
   Nun, meine lieben Damen und Herren, meine sehr geehrten,
der heutige Tag – das wünsche ich auch im Namen der übrigen
Geschäftsleitung – möge Ihnen nach einem langen, harten Jahr
der Arbeit verdiente Ausspannung geben und Erholung bringen, damit Sie dann ab morgen mit neuer Kraft –– natürlich
nicht, wie es eben Ihr Personalratsvorsitzender, der Herr Nottebaum, so nett sagte ... der sagte: »Ab morgen wollen wir dann
mit neuer Kraft der Arbeit aus dem Wege gehen!«
   Also, das war natürlich ein sehr netter, gelungener Scherz,
nicht wahr ... na, Sie kennen ja Herrn Nottebaum, der ist nun
mal ein Spaßvogel, und hat also sehr nett, nicht wahr, da diesen
Scherz gesagt ... oder gemacht.
   Im übrigen darf ich Ihnen sagen, daß wir es nicht zuletzt Herrn
Nottebaum, dem Personalratsvorsitzenden, verdanken, wenn
wir diese Feier heute hier feiern können. Der hat ja nun wirklich
schon viel durchsetzen können bei mir, hat schon so manches
ausgeheckt, wovon Sie vielleicht gar nichts ahnen, ja wirklich,

der setzt mir manchmal aber ganz hart zu. So kam er auch vor einigen Wochen, ließ sich bei mir anmelden und sagte: »Können wir dies Jahr wieder unsern netten Ausflug machen?«

Nun, meine Damen und Herren, Sie wissen ja – die ganz, ganz rosigen Zeiten der Wirtschaft, wie wir sie gehabt haben, die sind doch sicherlich vorbei – nicht nur bei uns! – wir werden uns alle in Deutschland bald sehr nach der Decke strecken müssen, und deshalb habe ich auch auf diesen Vorschlag von Herrn Nottebaum hin ernsthaft überlegen müssen, ob wir solch eine Betriebsfeier überhaupt *verkraften* können. Also, ich kann Ihnen sagen, ich habe nicht nur eine, ich habe mehrere Nächte schlaflos zugebracht – meine Frau wird Ihnen das gerne bestätigen.

Aber Sie wissen vielleicht, ich persönlich stamme vom Lande, bin ein ganz robuster Bursche, ich habe eine sehr, sehr harte, ländliche Jugend gehabt, habe damals ganz von unten anfangen müssen – wie mancher von Ihnen auch ... nicht wahr.

Ich schäme mich aber auch nicht, daß ich mal Vaters Kühe hüten mußte, oder den Schweinestall säubern ... ja, das habe ich alles gemacht! Mein Vater wiederum, der einen großen Hof hatte, der pflegte immer zu sagen: Du sollst dem Ochsen, der da drischt, nicht das Maul verbinden! Nicht wahr, das sagte der immer so sehr nett! Und überhaupt, er war sehr sozial eingestellt, die Leute gingen für ihn durch dick und dünn. Na ja. »*Du sollst dem Ochsen, der da drischt, nicht das Maul verbinden!*«, das war also Vaters ständige Redensart, weil er seinen Arbeitern so viel gönnte. Und an diesen Ausspruch mußte ich denken, als Ihr Personalratsvorsitzender damals bei mir war. Ich habe mir gesagt: wer hier im Betrieb Tag für Tag seine Arbeit getan hat, der soll auch einmal feiern, soll ausspannen – der hat sogar das Recht dazu! Das wäre ja noch schöner! Und da muß eben das Geld her, und wenn ich's aus meiner eigenen Tasche zahlen müßte, denn ... wie gesagt ... – das wäre ja noch schöner!

Nun, meine Lieben, Sie sehen, wir haben es geschafft. Die Sache hat hingehauen, wenn ich mal so sagen darf, und wir sitzen also jetzt in fröhlicher Runde, zu frohem Tun versammelt. Ich will Sie nicht länger mit meiner langen Rede aufhalten und ... äh ... von wichtigeren Dingen abhalten. Ich meinerseits hoffe, daß wir einen schönen Festtag verleben mit viel Frohsinn und Freude, der unsere große, schöne Betriebsfamilie noch enger – wenn das überhaupt möglich ist, nicht wahr, es ist ja schon alles so sehr, sehr nett bei uns! – also noch enger zusammenschweißt, so daß wir auch all den Fährnissen, die vielleicht in kurzer oder längerer Zukunft auf uns zukommen, die Japaner sind ja ganz schlimm und werden immer gefährlicher – Sorgen um den Arbeitsplatz und was es da alles geben wird – ja, es sieht leider wirklich nicht rosig aus!

Aber mein Wahlspruch ist:

Schau nur vorwärts, nie zurück,
– in der *Arbeit* liegt Dein Glück!

Deshalb wollen wir an die graue Zukunft heute nicht denken, sondern wir wollen uns bewußt sein, daß wir immer zusammenstehen, komme, was da wolle. Und in diesem Sinne wollen wir recht, recht fröhlich sein, und ich wünsche Ihnen zu allem, was heute noch passiert: sehr viel Vergnügen!

Der Personalratsvorsitzende spricht noch einmal:

Meine liebe Arbeitskolleginnen und -kollegen!
Ich glaube, ich brauche Sie gar nicht erst fragen, wie das Mittagessen Anklang gefunden hat, sondern die zufriedenen Mienen, die ich hier um mich sitzen sehe, die sagen schon das Richtige. Hier oben is übrigens noch ein ganzer Pott von den Pudding über – wenn irgendwo Bedarf is, ich meine nur.

Nun, wenn Ihr alle de Tasse Kaffee vor Euch stehn habt und die Zigarrenkiste da rum is, erlauben Sie mir bitte, daß ich noch einige Worte zum Ernst des heutigen Tages beisteuere ... also, daß ich es Ihnen ins Gedächtnis rufe.

Denn daß wir hier so schön sitzen, als Menschen, war ja nich immer so. Sie wissen, daß der 1. Mai eigentlich der Tag ist, an dem der Arbeiter früher durch die Städte zog und seine Forderungen der Gesellschaft ins Gesicht ... äh ... schleuderte, oder woll'n ma sagen, daß er es verlangte und auch Mensch sein wollte, und seinen gerechten Anteil, daß man ihm den immer noch vorenthielt. Ja, Kolleginnen und Kollegen, es war ein langer und ein harter Weg, das muß man sich immer wieder im Gedächtnis rufen, und das wollen wir auch heute an diesem schönen Drachenfels nicht vergessen, wie es alles gewesen ist. Sondern der gerechte Anteil am Sozialprodukt der gehört doch wohl dem, der es ja erst ermöglicht hat durch seiner Hände Arbeit! Das soll doch der Wirtschaftsminister einmal zugeben, nicht wahr, wenn der Mann sich trauen könnte!

Nun, aber daran wollen wir heute nicht denken, »*Der Mai ist gekommen, die Bäume schlagen aus*«, das Lied, was wir schon als Kinder gesungen haben ... und ich hoffe und wünsche, daß wir diesen schönen Tag in Frohsinn und Kollegialität begehen können.

Wir haben es jetzt so vor: wer will, kann gleich draußen biß-chen auf diese schöne Wiese, der Wirt will auch noch'n paar Liegestühle rausrücken – also daß man sich da ergehen kann. Kaffeetrinken ham wir für $^1/_2$ 5 Uhr angesetzt, wir sind ja alle noch viel zu voll. Die eine Kegelbahn unten im Keller is nur für uns reserviert. Abendessen is 19 Uhr, daran anschließend dann das Bunte Programm mit ein paar tolle Überraschungen.

Na, ich glaube, wir werden aber trotzdem einige schöne Stunden verleben – – ach so, noch was: wer sich bei die Eselgruppe gemeldet hat, wir sollen in fünf Minuten da sein. Es sind übri-

gens noch einige Plätze frei. 5 Biermarken und den Schokoladen-
abschnitt – is ein Esel, daß man da schön raufgeschleppt wird
von die Viecher und kommt nich so am Schwitzen. Soll von
oben noch'n schönerer Anblick sein als von hier.

Nun, Kolleginnen und Kollegen:

> Freut Euch des Lebens,
> solange das Lämpchen glüht.
> Pflücket die Rose,
> eh sie verblüht!

In diesem Sinne wünsche ich Ihnen vom Personalrat aus:
»Alles Gute!«

Eine rheinländische Studie
Personen PRÄSIDENT EINES ELFERRATS · KARNEVALIST

PRÄSIDENT: Herold, hol uns den Adolf rein – aber paß auf, daß Du den richtigen erwischst, den andern wollen wir nicht mehr haben. Ha! Ha! Ha!

KARNEVALIST *(von der Tür her)*: Wat is denn jetzt? Ich bin doch noch nit dran. Dat war doch genau festgelegt, da müßt Ihr doch einmal die Reihenfolge einhalten!

PRÄSIDENT: Komm, Dülf, zier Dich nicht – das Volk harret Deiner!

KARNEVALIST *(nähertretend)*: Ich bin aber nicht dran! Das war doch abgemacht, alles. Ich sollte nach dem jungen Mann mit der Mandoline ...

PRÄSIDENT: Aber am Anfang wolltste doch grad nit!

KARNEVALIST: Wie denn am Anfang? *Ich* doch nicht! Eisbrecher hab ich lang genug gespielt. Hab ich doch letzte Saison erst wieder die Pleite erlebt. Wer hat denn die Haut hingehalten all die Jahre?

PRÄSIDENT: Ja, wissen wir ja! Is ja gut, fang an!

KARNEVALIST: Nä, mir steht dat aber langsam bis hier! Entschuldigen Sie bitte, liebes Publikum, aber – gehnse doch weg! Ich weiß ja, aus was für finstere Kanäle da wieder gegen mich geschossen wird. Ich kenn die Brüder hier im Verein lang genug!
Und einen Rat geb ich Dir jetzt, mein lieber Edwin. Du darfst nämlich nicht glauben, daß andere Leute ... nicht wahr ... mit allen andern kannst Du sowas vielleicht machen, aber mit *mir* nicht. Da bist Du aber schief gewickelt, mußt Du nämlich früher aufstehen!
Dann werd ich nämlich hier mal einige Sachen cora pubblicum ... werd ich das Kind aber beim Namen nennen! Wenn Du's nich anders haben willst, wird hier im Verein endlich tabula rosa gemacht, da warten sowieso schon allerhand Leute drauf, dann muß die schmutzige Wäsche doch mal dran glauben! Is doch wahr! – wir wollen heute fröhlich sein und die Sorgen des Alltags über Bord werfen, und nicht solche Sachen ... aber was ich in *dem* Verein schon hab runterschlukken müssen!!!

Ein Präsident, der nicht unparteilich sein kann, der soll abtreten! – Sie müssen bloß mal darauf achten: andere bringen blöde Witze und kriegen Tusch auf Tusch! Erst neulich bei der Eröffnungssitzung, ein gewisser Herr Präsident mit seinem Solovortrag –– ja, ich hab nicht lachen müssen, tut mir leid! – aber 38mal Tusch gezählt!!

Und *ich*, ich hatte die schönsten Pointen, hatte wirklich fleißig gesucht und gestöbert … 5 Witze hintereinander, und kein Tusch, wo gibt's denn sowas?! Wissen Sie, ich hatte diese eine nette Sache von Klein-Erna hatte ich wunderbar auf Tünnes und Schäl zurechtgebastelt. Ich kann Ihnen flüstern, dat Publikum hat sich totgelacht, die haben direkt gewiehert – aber de Musik blieb stumm! Na ja, wenn der Präsident seinen Schwager in der Kapelle sitzen hat, weiß ma ja, woher der Wind bläst. Jetzt ist der Vortrag bei andere Vereine, aber mit sooo nem dicken Erfolg. Die sollen lieber mal die Zehn Gebote durchlesen: »Du sollst nicht stehlen!«

Aber ich meine: Humor ist, wenn man trotzdem lacht! Das war schon immer meine Devise. Ich bin so alt geworden im Karneval, da kann mir doch nicht ein Mensch wie der da oben … is mir doch viel zu dumm, der Mann! Sowas will Präsident sein –– Junge, Junge!

PRÄSIDENT: Jetzt hör mal endlich auf. Dat kannst Du doch nicht hier vor dem ganzen Publikum –

KARNEVALIST: Das kann ich nicht? Siehste –– hörste doch, daß ich das kann. Cora pubblicum, das is mir doch egal! Dann mußt *Du* nämlich mal erst Deine Pflichten als Präsident –

PRÄSIDENT: Die kenn ich!

KARNEVALIST: Nein, die kennst Du nicht! Da haben sich auch andere schon drüber beschwert. Ein Präsident, der den Tusch nicht gerecht verteilt, der soll abtreten. Das ist unanständig, das sag ich Dir ins Gesicht!

So, jetzt sag mein'n Solovortrag an, ich will jetzt in die Bütt.

PRÄSIDENT: Wenn einer Streit sucht, da kann der Gerechte nicht in Frieden leben, wenn es dem bösen Nachbarn nicht gefällt.

KARNEVALIST: Los, sag mich an, sonst mach ich es selber!

PRÄSIDENT: Meine lieben Närrinnen und Narren!

Zu uns kommt jetzt ein Mann, der Ihnen sicher kein Unbekannter mehr ist, und der nun weiter Ihr Zwerchfell strapazieren will. Empfangen Sie ihn mit dem Beifall, den er verdient! Er bringt Ihnen –– Augenblick, wo hab ich dem sein'

Zettel? ... ah, hier ist er! Also: ein »Geleitwort, dargebracht unserer Jugend und dem Nachwuchs«.

KARNEVALIST: Ich weiß, daß Du mich nicht gern ansagst, aber das Publikum hört mich vielleicht lieber an als wie Dich! So! Jetzt!

Meine lieben Närrinnen und Narren!

—————————

Ach, ich bin noch ganz ... müssen Sie schon mal entschuldigen, ich hatte mir so schön den Anfang zurechtgelegt – jetzt ist alles perdü! ––– Am liebsten käm ich nochmal frisch herein ... aber das dauert dann zu lange. Nä, is das ein Ärger! Meine lieben Närrinnen und Narren, goldige ... Mitmenschen – Siehste, da hatte ich mir auch ne viel lustigere Floskel ausgedacht ... und jetzt ist alles weg!

Wie soll man denn da noch seinen Vortrag bestreiten, wenn so'n Mann einen ganz durcheinanderbringt! Ich hab schließlich ein Name zu ruinieren als Karnevalist.

Junge, Junge! –

Also: Meine lieben Närrinnen, Narren und ... goldigen Narrhallesen! – so jetzt, das war's nämlich!!

Gestatten Sie mir bitte, daß ich heute einmal meinen Vortrag

speziell an die Jugend richte, die ja in der heutigen Massengesellschaft manchmal gar nicht mehr weiß, wo sie den Frohsinn
der Alten noch suchen soll. Ich erlebe doch immer wieder,
daß junge Menschen mich um Rat fragen: »Ja, wie machst
Du es nur, wo nimmst Du nur stets Deinen Humor, Deine
Fröhlichkeit und soviel erheiternden Ulk her?«
Dann erzähle ich denen eine kleine Geschichte, wie ich mir damals meine ersten karnevalistischen Sporen verdiente. Da
kam seinerzeit – ich war als junger Fant in Euskirchen in der
Lehre – da kam eines Tages der Ferdi Müller zu mir. Das war
ein alterfahrener Karnevalist, den die Älteren unter Ihnen
sicher noch kennen. Der hatte diese berühmte Nummer, wo
er durch'n Saal auftrat, mit drohend geschwungenem Nudel-
holz, und suchte er seine Alte, weil er die wohl mal vertrim-
men wollte. Nach allerhand Irrungen und Wirrungen landet
er dann auf der Bühne, und da steht plötzlich seine Schwiegermutter vor ihm und sagt: »Gibst Du mir wohl dat Holz,
sonst – habt Ihr Sonntag keine Kuchen!« Er gibt ihr arglos
das Ding, und da kommt auch schon seine Frau hinterm Vorhang heraus, und jetzt die zwei Weiber gehn aber auf ihn los,
tun ihn da cora pubblicum verkamisöhlen ... also das war
immer ganz gelungen, wirklich zu nett, wer das mal miter-
lebt hat.
Ja, und dieser Ferdi Müller, der war zu der Zeit Präsident von
einer kleineren, aber sehr gut renommierten Gesellschaft, die
leider durch die Kriegswirren dann untergegangen ist, damals
aber, wie gesagt, noch in Blüte stand. Der kam also zu mir und
fragte mich, ob ich nicht bei ihm auftreten wollte, ich sollte
dann mit nem Solovortrag sogar als Nr. 1 placiert werden.
Nun, meine Närrinnen und Narren, Sie können sich vorstellen, ich mit meinem Karnevalistenblut, ich sagte natürlich
»ja – sicher!«, und dann hab ich so dem großen Tag entgegen-
gezittert. Ich geb das hier ganz offen zu, ich hab drei Tage vor
dem Auftritt vor Angst wie tot im Bett gelegen, nicht Speise
noch Trank wollten mir mehr munden. Vorher sieht das nämlich immer schön aus, aber wenn dann das Publikum, dieser
aufgerissene Drache, so vor einem sitzt, dann heißt es doch
»Hic Rogus – hic salta!«, dann ist das nämlich schon zu spät
und geht einem aber ein gewisser Körperteil ganz lecker mit
Grundeis.
Na ja, den Tag, wie ich nun ankam, war ein Herr vom Vorstand, der sagte gleich: »Den Saal ham wir gerammelt voll!

Kurz – knapp – zündend!!! – *Sie* müssen die Leute kriegen!«
Und dann kam ein anderer Herr, nahm mich sehr freundlich
in Empfang und führte mich, wo ich auf meinen Auftritt warten sollte, auf ein *Pissoir*. Da warteten auch schon die Ehren-
jungfrauen auf ihren Auftritt ... so kurzgeschürzt und froh-
bewegt – also wirklich eine Atmosphäre, wie man sie nicht
alle Tage erlebt. Indem wurde bereits mein Name angekün-
digt, Büttenmarsch gespielt, die Mädchen marschierten los,
mich immer in ihrer holden Mitte. Meine Verwandten sagten
später, ich wär kalkweiß gewesen, wär ganz knieweich durch
den Saal geschlottert. Ob's stimmt – ich weiß es nicht. Jedenfalls gelangte ich glücklich aufs Podium und hab da meinen
Ulk gemacht, meine Witzraketen abgeschossen. Ich konnte
auch bemerken, wie ich ankam: vornan saß ein Herr, der hat
erst überhaupt nicht gelacht, aber dann konnte er doch nicht
anders und hat da ebenfalls ... äh ... seinen Applaus reichlich
gespendet.
Ja, meine Lieben, warum erzähle ich Ihnen das alles? – Weil
das Publikum ja heutzutage viel zu wenig sieht, was hinter
dem Frohsinn für eine harte Arbeit steckt. Und wenn ich auf
mein Leben und Wirken zurückblicke, das des Karnevals
Leid und Lust ja in vollen Zügen genossen hat – das ist aber
jetzt keine »schleichende Werbung« für die Bundesbahn! Ha!
Ha!»Volle Züge«, das ist gut. Könnte man richtig mal irgendwo einbauen! – wenn ich heute sagen sollte: *Was ist Menschen-
glück?*, dann würde ich sagen: Nach dem Auftritt, wenn Du's
hinter dich gebracht hast, wieder auf diesem gewissen Örtchen
zu stehen ... die frohgestimmten Menschen um Dich rum,
links und rechts von Dir stehen sie da, und mit der andern
Hand schlagen sie Dich auf die Schulter und sagen: »Bravo,
mein Junge, das hast Du gut gemacht! Das waren doch keine
alten Witze, sondern man hat sie ja kaum wiedererkannt!«
Nun, der eine oder andere von Ihnen wird gehofft haben, ich
bringe heute einen meiner beliebten Vorträge, wird gedacht
haben, jetzt kannste Dich mal wieder kringeln vor Vergnügen – aber den muß ich leider enttäuschen.
Ich möchte diesmal die Stillen im Lande ... also, die Stillen
im Lande ... äh ... möchte ich ... bei die Stillen im Lande ...
mit vereint sein. Mein Anliegen war heute nicht Publikums-
gunst, sondern ich will unserer Jugend – seien es nun an-
gehende Krätzchensänger oder Wortvorträge – also die
Jungkarnevalisten will ich einmal an die Hand nehmen und

sie auf den Hügel führen in des Frohsinns Land. Dort möchte ich ihnen die weite Schönheit zeigen und ihnen zurufen:
Da – mach es Dir untertan!

Sie kennen vielleicht die wunderschönen Sachen von dem Dichter Matthias Claudius, der auch sein Söhnchen an die Hand nimmt und ihm diese Lebens ... sprüche so in die Ohren bläst. Wie recht hat der Mann doch gehabt! Hier: vom Herzen muß es kommen – zum Herzen muß es gehen, sonst ist sowieso nichts zu machen, glauben Sie mir das!

Wenn nämlich der Karnevalist abends in seinem stillen Kämmerlein liegt – so hab ich's immer nach dem Auftritt gehalten, dies Laute, das liegt mir sowieso nicht, dann kommt der 2. Teil der Tragödie. Dann geht man hinterher mit sich ins Gericht und fragt man sich: Hast Du heute das bewerkstelligt, daß Du Deinen Mitmenschen durch Deinen Frohsinn, durch Deine Narretei soviel mitgeteilt hast, daß sie nun aber wirklich für ein ganzes Jahr genug haben?

Und dann mußt Du antworten können: Jawohl! Du hast, wie Du aus der Bütt kamst, das Leuchten in den Augen gesehen ... Du hast es erkannt und ... Du weißt Bescheid!

Und damit, meine Lieben, will auch ich Ihre Sympathie nicht durch zuviel Worte aufs Spiel setzen. Ich wollte Ihnen den Weg weisen – und vielleicht ist es sogar in gewisse Präsidentenohren geklungen, das wäre dann der schönste Erfolg für meine Mühe gewesen.

In diesem Sinne rufe ich Ihnen zu:

Dem Frohsinn und der Heiterkeit,
dem war heut dies mein Lied geweiht!

Und damit »Alaaf und Helau!« – und Bützchen für die Damen, und »Es lebe hoch in alle Zeit, der Frohsinn und die Heiterkeit!« – ach so, das hatten wir ja schon – na ja, doppelt gemoppelt hält besser!!!
Also – bleiben Sie gesund! Alaaf und Helau!

Schlimme Sachen

RICHTER: So, ich glaube, zur Person haben wir nun alles protokolliert ... Also schön, wir treten dann weiter in die Hauptverhandlung ein und ... eh ... nun, Herr Tegtmeier, nun erzählen Sie mal, wie ist es denn dazu gekommen, daß Sie da Ihre Schwiegermutter ermordet haben?

TEGTMEIER: Ja ... also ... ich möchte dazu gern noch eine Mitteilung machen ... für dem Gericht.

RICHTER: Ja – wieso?

TEGTMEIER: Ich möchte ... eine Mitteilung machen!

RICHTER: Ja nu, also bitte – – was denn?

TEGTMEIER: Ich möchte es dem Gerichte mitteilen, daß mir meine Untat leid tut ... und daß ich versuchen will, durch ein schönes Leben ... woll'n ma sagen, daß ich wieder ausbügele ... die Schwiegermutter, was da so passiert ist.

RICHTER: Ja ... ja nun gut ... also schön, das ist ja ... das wollen wir ja alles nun mal erst feststellen, nicht wahr. Nun erzählen Sie aber mal erst, wie der Tatverlauf da gewesen ist und ... wie war das an dem betreffenden Tag?

TEGTMEIER: Ja, also ... die Sache tut mir leid, ja ... ich bedaure ... die Tat ... die Tatsachen, alles. Und ich möchte es gern ungeschehen machen. Kommt auch bestimmt nicht wieder vor.

RICHTER: Na gut, schön, das hab'n wir ja eben schon gehört von Ihnen – nun, wie war das? Sie kamen vom Dienst nach Hause – von der Arbeit?

TEGTMEIER: Nein – vonne Schicht! Woll'n ma so sagen, ich hatte Morgenschicht gehabt ... und kam ich – jawohl! – kam ich nach Hause.

RICHTER: Schön! Also Sie kamen von der Arbeit nach Hause und ... wie ist das gewesen, sind Sie da sofort nach Hause gegangen, oder haben Sie vielleicht irgendwo ... sind Sie noch eingekehrt?

TEGTMEIER: Nein! Ich bin nach Hause ... gekehrt. Das heißt, ich war noch oben an die Bude, hab Zigaretten geholt und ... wie gesagt, dann bin ich nach Hause gegangen.

RICHTER: Ja! Schön! Sie sind in die Wohnung gekommen, und wer war da?

TEGTMEIER: Ja ... wer war da? Also, meine Frau –

RICHTER: Ja?

TEGTMEIER: – die war nicht da. Die war im Kino gegangen. Aber meine Schwiegermutter ... kann man wohl sagen ... die war anwesend.

RICHTER: Ja ... und was ist dann passiert?

TEGTMEIER: Wissen Sie doch Bescheid! Dann ist ... äh ... die Untat ist dann passiert. Aber ich möchte dazu gerne noch etwas beitragen ... eine Mitteilung möchte ich für das Gericht ... nochmal loslassen.

RICHTER: Was denn nun schon wieder? – Also bitte, Sie können ja hier aussagen ... und Sie wissen ja –

TEGTMEIER: Ich möchte noch einmal die Sache hinweisen, daß mir meine Untat sehr, sehr leid tut, und daß ich versuchen will, durch ein schönes Leben –

RICHTER: Ja, nu, zum Donnerwetter, das hab'n wir nun gehört, daß Ihnen die Untat leid tut, das tut einem immer hinterher leid, das ist nun mal im Leben so ... nicht wahr, das ... eh, das hätten Sie sich dann mal vorher überlegen müssen, das macht's ja nun nicht mehr ungeschehen! Also, wir möchten aber endlich von Ihnen hören: wie war das? Sie kamen nach Hause, und Ihre Frau war nicht da, aber Ihre Schwiegermutter ... war die schon da?

TEGTMEIER: Jawohl, die war in de Küche ... inne Küche war die zugange.

RICHTER: Und was geschah dann? Wie ging's dann weiter?

TEGTMEIER: Dann ... äh ... hat sie mich beleidigt.

RICHTER: Wieso?

TEGTMEIER: Also, sie hat mir Schimpfworte – – Ehrenkränkungen hat sie ausgestoßen, und hat sie meine Ehre ... beleidigt ... oder vernichtet, kann man wohl sagen ... Und dadurch is dann das Ganze am Rollen gekommen. Ich hab sie noch aufgefordert, sie möchte das doch bitte sein lassen ... hab gesagt: kumma, mußte doch Mensch bleiben und hat doch kein'n Wert!

RICHTER: Ja, wieso denn, was war denn? War da ein Wortwechsel, oder was hat sie getan?

TEGTMEIER: Beleidigungen ausgestoßen –

RICHTER: *Wie? Was* denn? Was hat sie denn gesagt?

TEGTMEIER: Ja ... die Schimpfworte. Was sie da gesagt hat, weiß ich auch nicht mehr, das ist doch bald'n Jahr her. »Alten Sausack« und so, war sie dran ... »Bahnhofspenner« – diese ganze Ehren-Sachen. Und ich sag, sie müßt' das doch einsehen, daß das nicht schön wär ... könn'se sehn, ich war noch ganz friedlich ... aber sie war meine Redensarten einfach nicht zugänglich.

RICHTER: Na gut ... aber wie ging's dann weiter? Wie ist es denn dann dazu gekommen? Sie ist ja schließlich heute tot!

TEGTMEIER: Ja, sicher. Leider. Wie ich bereits ausführte, hat sie meine Ehre gekränkt, und ich habe gebettelt, daß sie nicht weiter kränkt und ... äh ... aufhört. Und dann lag sie ja auf einmal auf'm Boden ...

RICHTER: Was, sie lag auf'm Boden?

TEGTMEIER: Ja, sie lag da vor mir, und ... ich dachte so: ob die Dame wohl tot ist? Aber da war schon nichts mehr los ... also ich stellte das fest ... ich hab gehorcht, anne Brust bei ihr, und – wie gesagt – ... war sie schon über'n Jordan.

RICHTER: Da hatten Sie sie also mit'm Messer erstochen, oder was?

TEGTMEIER: Nein ...

RICHTER: Ja nun, irgend jemand muß sie doch totgemacht haben, die Heinzelmännchen waren's doch nicht etwa – oder?

TEGTMEIER: Weiß ich auch nicht. Müßte man mal … erkundigen.

RICHTER: Herr Tegtmeier, eins steht einwandfrei fest: es steckte doch nun 'n Brotmesser in ihrem Leib.

TEGTMEIER: Sicher – hinterher! Weil … das Brotmesser hatte sie ja vorher schon inne Hand gehabt, bei ihre Beleidigungen, und ich fühlte da meine … äh … also meine Sicherheit fühlte ich bedroht … ich fürchtete für mein Leben … und Gesundheit, alles. Und deshalb war das dann von meine Seite auf einmal eine *Notwehr* – jau, seh'nse jetzt hab ich dat! Jetzt ist die Sache klar! Das möchte ich nämlich hier bescheinigen, daß das von meine Seite aus *Notwehr* war, und bitte ich, daß Sie das schön aufschreiben für dem Gericht, damit die da genau Bescheid wissen!

RICHTER: Das ist aber wirklich zum Verzweifeln! Nun kommen Sie uns doch nicht mit solchen Ammenmärchen! Notwehr!

TEGTMEIER: Ja doch … von wegen, Märchen … das hat der Rechtsanwalt ja ausdrücklich herausgefunden, daß ich Ihnen das sagen soll.

RICHTER: Na ja – – schön, also gut … ach ja!! … Also, Sie behaupten, Sie wollten sich gegen Ihre Schwiegermutter schützen.

TEGTMEIER: Jawohl, ich wollte sie von mir fernhalten, daß mir kein Leid zustößt, und … na ja, sie lag ja dann auf'm Boden, weiß ich auch nicht, wie das kam.

RICHTER: Weiter! Was haben Sie dann gemacht?

TEGTMEIER: Dann tat mir meine Untat sofort leid, ich dachte, daß ich durch meiner Hände Arbeit … vielleicht durch ein schöneres Leben … äh … alles wieder einrenken kann. Und ich will ja auch für die kleine Würmchen sorgen …

RICHTER: Was ist das jetzt?

TEGTMEIER: Hat sie ja noch aus ihre zweite Ehe … diese ganze Sachen.

RICHTER: Ach so! Na ja – bitteschön!

TEGTMEIER: Danke!

RICHTER: Und was haben Sie dann weitergemacht, mit der Leiche?

TEGTMEIER: Ja … das sind aber nun Fragen … was man eigentlich gar nicht mehr gerne erinnert wird … – – Dann hab ich sie im Keller getragen … und hab ich sie gesägt.

RICHTER: Was haben Sie?

TEGTMEIER: Weil unser Bollerwagen ... mußte ich die Feststellung machen, daß sie nicht ganz draufpaßte ... und mußte ich ... äh ... also, ich hatte dann drei Fuhren ... und hab ich sie im Rhein-Herne-Kanal ... getan – – und da war sie weg! Aber ich möchte es nochmal hinweisen, daß das bei mir Notwehr war, und durch die Beleidigungen, und daß ich beschädigt bin – sechs Jahre fern der Heimat, was man für ein Schicksal erduldet hat! – daß das von diese Sache herrührt. Ich war ja schon paarmal zur Untersuchung weg, inne Landesanstalt, und dadurch haben wir das auch schriftlich, sogar von den ganz berühmten Professor, der da die Bekloppten ... alles macht: »Bescheinige« – schön mit Stempel und ›Friedrich-Wilhelm‹ darunter! – »daß Herr Tegtmeier ...«, also, daß ich behämmert wär, und daß er mich auch nicht reparieren kann. Und deshalb ist das heute von mir eine große Zumutung, daß ich überhaupt diese Verhandlung hier ... meine Anwesenheit ... mitmache.

RICHTER: Was ist nun schon wieder los? Jetzt ist meine Geduld aber bald am Ende!

TEGTMEIER: Ach, hören Sie doch auf! Sechs Jahre hat man die Knochen hingehalten – jawohl, auch für Herrschaften wie Sie! Jetzt kann man sehn, wofür't gut war. Is doch wahr! Gutheit ist sowieso Dummheit! Aber wart mal ab – es is noch nich aller Tage Abend! Hochmut kommt vor dem Fall! – das ist ein altes Sprichwort.

RICHTER: Schluß jetzt, das wird hier nicht verhandelt!

TEGTMEIER: Reden Sie doch kein'n Stuß! Is doch wahr – der Rechtsanwalt sagt auch, die Richter haben ja alle keine Ahnung!

RICHTER: Unerhört ist das! Also jetzt – haben Sie zum Abschluß ... als Schlußwort noch was zu sagen?

TEGTMEIER: Jawohl, bitteschön das Schlußwort möchte ich aber drum bitten!

RICHTER: Bitte!

TEGTMEIER: Ja also, das Schlußwort ... möchte ich es hinweisen, daß mir diese Untat sehr, sehr leid tut ... und daß ich versuchen werde, durch ein schöneres Leben ... durch meiner Hände Arbeit ... die menschliche Gesellschaft wieder ... einzudringen. Und überhaupt – ich schließe mich den Ausreden meines Verteidigers an!

Augenblick mal, ich will sehen, wie weit dat jetzt is : – – aha,
jetzt holense den Rothaarigen von Zelle 112 . . . dann kommt von
95 der mit die Knubbelnase, und dann sind Sie dran . . . könnense
sich schon mal fertigmachen.

Wie bitte? Wie dat geht? Sie sind aber vielleicht gut! Da darf
ich ja gar nicht darüber reden, weil dat is ja . . . diese Amtsver-
schwiegenheit . . . oder Dienstsiegel . . . is doch eigentlich ganz
geheim. Sie gehen durch de Falltür, gehnse ab, drei Meter tief.
Oder – daß ich nicht lüge! – ich glaube, die haben sogar er-
weitert, fünf Meter is das jetzt, da sausen Sie dann runter. Is
natürlich sicherer, is angenehmer. Und dann bricht Ihnen ja
hinten der Knochen kaputt, dat hörense richtig knacken. Das
heißt, Sie nicht mehr, dat is klar – aber der Gefängnisarzt, der
hört, wie dat da knackt, und schreibt er schön in sein klein'n
Notizbuch: Gesetz Genüge geschehn! Hinterher kommt noch
der Staatsanwalt, der bekuckt Sie, weil ja ein Zeuge sein muß,
der das beweist, daß Sie der Tote da auch wirklich sind.

Ja, und dann is Feierabend, hammse alles hinter sich, sindse
froh. Dat ganze Leben hat sowieso kein'n Wert. Kuckense mal,
nur wir vom Strafvollzug als Beispiel: – schon wieder keine
Weihnachtsgratifikation!

Ich sag gestern noch für ein Kollege: am liebsten ging ich
auch auf de Falltür, da hätt' ich die ganze Malessen vom Hals.
Is doch wahr!

Aber wissense, woher dat kommt? Weil wir nicht organisiert
sind. Wir haben jahrelang ein Antrag gestellt bei de Gewerkschaft »Öffentliche Dienste, Transport und Verkehr«, daß wir
da rein wollten. Aber immer wieder hammse abgelehnt. Bis jetzt
der neue Kollege kam . . . Wachtmeister Wuttke, den kennense
doch auch . . . der große, stämmige Herr mit die Glatze. Der
kommt so von Berlin, oder wo er her is . . . jedenfalls mit de
Schnauze is der ganz schön vornweg . . . und sagt: »Was, die
wollen Euch nicht aufnehmen in de Gewerkschaft? Das werd
ich mal inne Hand nehmen!«

Dann ist er hin: »Wieso hier . . . nicht wahr? . . . warum
wollen Sie das nicht genehmigen? Bitteschön, wir *transportieren*
die Herrschaften zum Galgen – also: Transport und Verkehr!«
Ja, da ham die dumm aus de Wäsche gekuckt, konntense nix

gegen sagen, und sind wir dadurch jetzt in de Gewerkschaft schön angeschlossen.

Is sogar ein Antrag am Laufen auf »Seelenzulage«, wegen die Grausamkeit in de Todeszelle, das bleibt ein'n ja schließlich nicht inne Uniform hängen. Na, ich bin gespannt, wieviel Mäuse daß se uns da zubilligen werden.

Dat dauert heute wieder! ... Immer, wenn der Staatsanwalt Knuffmann de Hinrichtung leitet, dann dauert das ne halbe Stunde länger. Soll doch nich soviel erzählen, dat wollen die Leute doch gar nicht mehr hören. Mann, is dat ein Blödsinn!

Ich bin bei mein Schwager zum Geburtstagskaffee eingeladen ... ja, die eine Straßenbahn die krig ich schon nicht mehr.

Sicher, da fährt noch ein Omnibus – mein Schwager wohnt oben in die neue Kolonie am Stadtwald – wenn der den Anschluß abwartet ... aber da müßte ich schon viel Glück haben ... nä, wahrscheinlich ist der schon weg ... – dann kann ich da ne halbe Stunde stehn und warten. Junge, Junge, is dat ärgerlich! Aber wie gesagt, immer nur bei den Knuffmann.

Wat hammse als Henkersmahlzeit? Bratwurst? Die is gut, nich? Ja, der Gefängniskoch, Sie, der is eine Kanone, der Mann. Früher ist der auf die große Ozeandampfer gefahren, da hat er alles unter sich gehabt. Nä, auch nur gute Zutaten nimmt der, Fleisch immer schön abgehangen, anders kommt das bei dem nich in Frage ...

Aber Sie hätten mehr haben können – steht Ihnen doch zu: ein Pfund Fleisch, anderthalb Pfund Gemüse, zwei Pfund Kartoffeln!

Wie bitte? – – Nä, jetzt nicht mehr! Dat is natürlich Blödsinn. Das hat doch jetzt kein Wert, kriegense ja auch gar nicht mehr auf.

Ich will Ihnen sagen, wie dat geht. Sie mußten mir gestern abend ... bis 18 Uhr ... mußten Sie mir da die Wünsche bekanntgeben. Der eine will schon mal Rotbarschfilet, der andere Wiener Schnitzel, oder daß einer vielleicht auch »chinesisch« vorzieht. Dann muß ich es – aber spätestens bis 19 Uhr!! – auf'n klein Zettelken inne Gefängnisküche geben ... und dann kriegen die Herrschaften das morgens serviert für'n letzten Gang. – Sicher, dat is Schuld vom Geschäftszimmer, das hätten die Ihnen sagen müssen! Da hammse immer andere Sachen im Kopp, die Blödmänner, statt daß sie hier die Herrschaften auf de Schangsen hinweisen. Aber ich werd nachher ganz schön reklamieren, werd ich richtig mal Krach schlagen, da könnense sich aber drauf verlassen!

Wie alt sind Sie eigentlich? Noch'n junger Mensch, nich? Oder – raten Sie mal, wie alt *ich* bin! Was? Haha! Ja, Junge – denkste!! Nä, ich bin dreiundsechzig! Ich weiß, dat sieht mir keiner an. Wat meinen Sie, ich bin über vierzig Jahre schon im Strafvollzug! Siebendreißig Jahre war ich im Außendienst, und jetzt hab ich seit einiger Zeit Last mit die Füße, dadurch bin ich dann hier in de Todeszelle gekommen. Aber ich bin dreiundsechzig – ich könnt' ja Ihr Vater sein!

Ich hab mich aber auch hier immer gut mit die Herrschaften verstanden. Dat wissen Sie ja selber, daß ich kein Unmensch bin. Ich sage: Wie es in den Wald hereinschallt, so ... äh ... also, schallt die Sache dann auch heraus. Wenn mir einer anständig entgegentritt, dann . . . nicht wahr . . . man muß nämlich Mensch bleiben im Leben, alles andere hat sowieso kein'n Wert.

Sie machen das zum Beispiel richtig: Nicht jammern, nicht klagen – wenn man was ausgefressen hat, sagt man »jawohl, bitteschön, ist leider passiert!«, und steht man da als Mann steht man dafür grade.

Ich kann das nicht vertragen, wenn die Brüder manchmal so jammern tun, und auch der Knuffmann, der wird dann ganz wütend. Die Tage war noch einer, der hatte auch wie Sie dasselbe Delikt, auch jemand umgebracht. Und der war so am Quengeln: »Mamma, Mamma – ich will nicht sterben!!« Da hättense aber mal den Staatsanwalt Knuffmann erleben müssen, der hat ne vielleicht angebrüllt. Sagt er: Hättense das blühende Menschenleben nicht ausgelöscht, das wär besser gewesen, jetzt wird hier Gesetz Genüge geschehen, sonst nix! Au, der hat den aber fertiggemacht, also so bös hab ich den Knuffmann noch nie gesehen. Der hat den da richtig Zunder gegeben.

Nä, wie gesagt, wie Sie's machen, is richtig. Ich kann Ihnen das jetzt auch ruhig sagen: vor Ihnen hammse hier im Gefängnis alle Hochachtung, ehrlich, auf Ihnen halten die alle ganz große Stücke. Sicher, da hammse nicht mehr viel von, aber is egal, Sie ham hinterher richtig schöne Nachrede . . . So – ich glaube, die kommen jetzt. Passense auf, der Staatsanwalt liest das Urteil noch mal vor, da müssense bei aufstehn, das wissense ja.

»Guten Tag, Herr Staats –«, nä, der unterhält sich noch mit'n Direktor . . . »Guten Tag, Herr Staatsanwalt! – – Jawohl, wünsch ich auch gehabt zu haben! – – Ja, also ich weiß nicht, mir is was nicht bekommen . . . ob das die Knackwurst war? . . . ich hatte paar Tage richtig Magenverstimmung! . . . Wie bitte? – Ach so ja, mit den Herrn hier is alles in schönster Ordnung – ich muß nur noch de Ketten abnehmen . . .«

Also dann – – alles Gute!

Bildung tut not!

Ja, ich freue mich natürlich, daß ich Ihnen heute etwas über unsern Theaterverein erzählen darf, denn wenn einen die Kunst einmal richtig gepackt hat, läßt es den Menschen ja oft fürs ganze Leben nicht mehr los.

Wir machen das aber auch alles ehrenamtlich, nur mit dem Zweck, daß wir die deutsche Kunst ... äh ... also, daß wir sie verbreiten ... und grade in dem grauen Alltag ... daß wir unseren Mitmenschen dabei behilflich sind, die Sorgen über Bord zu werfen ... also, daß sie dann schon mal ... äh ... davon befreit werden. – Dieses ist eigentlich unser schönstes Anliegen, wenn ich das so sagen darf.

In diesem Jahr können wir nun sogar unser 40jähriges Jubiläum ... äh ... erfüllen, und ist auch allerhand geplant, Verbandstagung is schon nach hier gelegt, und wird paar Tage wohl einiges geboten werden von die verschiedenen Spielgruppen.

Der Theaterverein »Euterpe« ist dann im nächsten Mai genau vierzig Jahre alt. Er wurde ja damals ins Leben gerufen, und ich selbst gehöre noch zu die ehemalige Mitgründer: das waren der Lehrer Siepmann, dann der Friseur Krüger, und der Bradowski von den Milchgeschäft.

Wir haben uns als junge Menschen gesagt, daß wir der deutschen Kunst unser bescheidenes Scherflein beitragen wollen, und ham wir den Verein auf diese Weise bis heute hochgehalten. Mehr als einmal waren wir auch Verbandssieger, was Ihnen die Urkunden und Pokale im Vereinslokal gern bestätigen können.

Als weitere Ziele haben wir die *Menschlichkeit* ... diese Sachen ... daß wir eben auch mal gemütlich beisammensitzen, damit das *Menschliche* dabei den Ausschlag gibt. Allerdings, auf dem politischen Sektor lehnen wir es ab! Wir hatten nämlich schon zu gleicher Zeit ein Kirchenrendant als Mitglied und ein'n Gewerkschaftssekretär, und da mußten die in einen Pott vereinigt werden. Das ging grade noch gut, weil über so Sachen nie gesprochen wurde und der Verein sich eben ganz überparteilich verhält.

Als Ersatz haben wir jetzt allerdings einen Kulturaustausch mit Afrika. Da is ein Dorf »Orintoto«, wenn Sie schon mal davon gehört haben, mit denen machen wir seit kurzem diese Völker-

verständigung, weil die Neger ja schließlich auch Menschen
sind, vielleicht schon länger, wie wir ahnen.

Im Herbst wollen wir eine Delegation runterschicken, die
wird wahrscheinlich aus de Gesangsabteilung zusammenge-
setzt. Für vier Mann is die Reise bewilligt, die können dann
gleichzeitig als Quartett im Urwald auftreten, schlagense so die
Fliegen mit einer Klappe.

Wir ham ein Programm ›Perlen deutscher Liedkunst‹, damit
die auch in dem schwarzen Erdteil mal erklingen ... daß die
Neger einmal ein'n Einblick kriegen ... oder jedenfalls mal anhören ... so Sachen. ›Am Brunnen vor dem Tore‹, ›Im schönsten Wiesengrunde‹ oder ›Mädle, ruck, ruck, ruck an meine
grüne Seite‹, das wird da ja sicher auch Anklang finden.

Wenn dann später die Theaterabteilung runterfährt, wollen
die als Überraschung für unsere afrikanischen Freunde ein besonders passendes Stück einüben, das heißt ›Die Neger‹ von
Jean Genet. – Das möchte der Vorstand aber vorher noch lesen,
damit er beurteilt, ob es auch volkstümlich genug is, damit die
das da unten auch verstehen. Na ja, dat wird schon hinhauen...

Sie sehen, daß wir uns die Musen aber richtig ausgeliefert haben und viel Zeit und Arbeit aufwenden für unsere schönen Ziele. Dabei arbeiten nun alle Hand in Hand. Kostüme sind unsere Frauen für verantwortlich. Der Sigbert Krüger macht als Friseur Perücken und Bartkoteletten, weil wir ja meistens nur altmodische Stücke spielen.

Wir sind nämlich nicht wie viele Vereine auf Lustspiele spezialisiert, daß die Leute was zum Lachen haben, sondern in unserm Verein möchten wir besonders mal die ernste Muse pflegen. Ich übe als Regisseur die Stücke ein und spiele dann auch persönlich die Hauptrollen, weil das Publikum mich in diese ernsten Stücke sehr gern sieht. Nicht, daß Sie jetzt denken, ich bilde mir wat ein, aber ich gelte doch wohl als eine richtige Kanone auf dem Gebiet.

Wie gesagt, ich will mich nich selbst loben, obwohl ich vor'ges Jahr bei de Verbandsausscheidung einen ganz großen Erfolg hatte, mit dem ›Vater‹ von Strindberg. Das war schon sehenswert, wie ich da zum Schluß von meine Frau in eine Zwangsjacke gesteckt wurde ... ehrlich, das wirkte richtig dramatisch! Mann oh Mann, das Publikum war ganz schön ergriffen, und ham wir damit auch 'n Gruppenpreis davongetragen.

Wissense, in dem Stück handelt sich dat um eine schlimme Ehe, wo die Frau den Mann loswerden will. Und wie er jetzt seine Jacke anzieht, vertauscht sie die schnell mit eine andere, wo ganz lange Ärmel dran sind, und bindet ihn de Arme auf'n Rücken fest. Dadurch erkennt er dann auf einmal, wie sehr sie ihn haßt, aber jetzt kann er aus die Zwangsjacke nicht mehr raus und regt sich so auf, daß er stirbt.

Das is bei dem Strindberg meistens dieser Haß der Geschlechter, der kommt da immer schön zur Geltung, und erfordert natürlich zum Schluß viel Kraft von dem Spieler, weil er die Frau dann ganz lange anbrüllen muß, mit seine zugebundene Arme, bis er davon ein'n Herzschlag kriegt und tot umfällt.

Sowas kann man aber nur glaubhaft bringen, wenn man das Publikum wirklich erschüttert, und daß de Jury dann auch möglichst viel Punkte rausrückt, wenn dat grade ein Vereinswettstreit ist.

Sehnse, da is nämlich noch ein intressantes Kapitel, mit diese Ausscheidungskämpfe, die meistens im Herbst oder Winter stattfinden. An einem Tag haben wir da Solovorträge und Rezitationen, so Sachen. ›Der Todspieler‹ oder ›Das Hexenlied‹, das sind wohl die beliebtesten Stücke. Dann gibt es Vorträge im Duett, vielleicht auch Gesangsnummern und sowas. Am letzten Tag kommen schließlich die Theaterstücke dran, dann geht dat hoch her, weil ja oft mehr als'n Dutzend Spieler auf de Bühne zugange sind.

Und dann hat die Jury natürlich alle Hände voll zu tun, daß ein gerechtes Urteil dabei rauskommt. Dafür gibt es von jedem Spieler einen Bewertungsbogen mit ganz viele Rubriken, wo man überall 10 Punkte erringen kann.

Dat fängt an mit »Auftritt und Abgang« – also, ob einer so richtig flottweg auf de Bühne erscheint, oder ob er vielleicht ganz lahm angeschlichen kommt.

Dann heißt es »Kostüm« – also, wie gut oder prächtig er sich da angezogen hat,

»Rezitation und Stimme« – ob der Spieler die einzelne Sachen auch schön betont, und ob er überhaupt zu verstehen ist,

»Mimik« – wat einer so alles in sein Gesicht reinlegt.

Und für jede Rubrik kann man 10 Punkte erwerben, dat wird nachher zusammengezählt.

Letztes Jahr war ich aber von ein'n Riesenpech verfolgt. Ich hatte als Gedichtvortrag eine wunderbare Sache ausgewählt: ›Nys Randers‹. Dat handelt von zwei Brüder, die gehn beide als Matrosen auf'm Meer hinaus, und der eine kehrt aber nicht zurück. Der is verschwunden, und kein Mensch weiß, wat los is . . . also, is er wahrscheinlich sogar ertrunken. Dann is dat jahrelang so, daß er wohl ertrunken sein muß.

Und eines Tages ist ein Sturm auf'm Meer und kommt die Kunde in den Ort: Da draußen ist ein Schiffbrüchiger mit die Wellen am Kämpfen! Die Männer des Dorfes eilen an den Strand, daß sie ihm vielleicht Hilfe bringen, aber sagense gleich: »Nä, is nix zu machen!«, weil die Wellen, die schlagen haushoch, und is die Angelegenheit dadurch viel zu gefährlich.

Jetzt kommt aber der Nys Randers – dat is der Bruder von damals dem einen –, der sagt: »Ich möchte den Mann aber trotzdem retten!«

Da mischt sich seine alte Mutter noch ein: »Junge, denkst Du denn nicht an Dein'n Bruder, wo auch der ›blanke Hans‹ schon das Opfer gefordert hat?« Aber der Nys Randers meint: »Is egal, ich will den Mann jetzt retten!«

Dann springt er in sein'n Kahn und fährt raus bei den Schiffbrüchigen, und sehnse auch, wie er den im letzten Augenblick noch so eben in sein Boot reinziehen kann. Und nun kommt der wunderbare Schluß von den Gedicht, da schreit er über dat ganze Meer weg: »*Sagt Mutter, 's ist Uwe!*«

Kann man mal sehen, da war dat durch diesen Zufall sein eigener Bruder, den er gerettet hat ... und wär er nich rausgerudert auf dat Meer ... dann ... hätte er den aber auch nicht gerettet!

Ja, mit diesen Gedicht hätte ich letztes Jahr eigentlich 'n Gruppensieger mit machen müssen. Aber da passierte mir, wie gesagt, dat Pech beim Auftritt. Ich hatte natürlich 'n Frackanzug an, und hatte ich so ne Nelke im Knopfloch gesteckt. Jetzt, wie ich richtig mit Schmackes auf de Bühne lief, muß ich wohl am Vorhang gestreift sein ... jedenfalls fiel mir die Blume auf'n Boden. Dat hat die Jury natürlich gleich gesehen – und waren schon paar Fehlerpunkte angesammelt. Dadurch konnte ich in dem Jahr inne Gesamtwertung nur'n Ehrenpreis erringen.

Is egal, es geht ja bei all die Dinge auch nicht um den Sieg – sicher, der is ehrenvoll, wenn man es schafft! –, aber Hauptsache is doch, daß man *dabei* ist ... und daß die deutsche Kunst ... äh ... also, daß man da immer weiter ... die deutsche Kunst ... in die ihre Fußstapfen tritt.

Der Lügner von Goldoni

Meine liebe Arbeitskollegen und -kolleginnen!
Sagt, die sollen da hinten erst mal de Tür zumachen!
  Junge, Junge – die haben zu Haus auch Säcke vor de Türen.
Dat zieht ja wie Hechtsuppe, kannste dir doch auf'n Tod wat
holen. Kuckmal, der Vorhang is ja richtig hin und her am
Wackeln!
  Meine liebe Arbeitskolleginnen und -kollegen!
  . . . Ja, is doch wahr – nachher sind sie die ersten, die schreien,
wennse mit'n dicken Hals rumlaufen müssen. Als wenn dat zu-
viel Arbeit wär, nur mal de Tür zumachen!
  So! Jetzt also – meine liebe Arbeitskollegen und -kollegin-
nen! . . . Is ein Ärger, daß man sich mit so Sachen überhaupt aufhalten muß. Na ja.
  Meine liebe Arbeitskollegen –– Wir sehen also heute das
Schauspiel ›Der Lügner‹ von Goldoni. Dieser lebte im Mittelalter . . . das heißt: im Ausgang war dat wohl, da lebte der in Ve-
nedig, und hat er uns viele Werke der heiteren Muse beschert.
Der Lügner selber is ein . . . woll'n ma sagen: munterer Geselle,
der uns immer wieder mit seine Stückskes, was er da so alles
verbricht . . . äh . . . wie soll ich sagen? . . . also, daß er seine Mit-
welt schon mal ganz schön auf'm Arm nimmt. Aber, wir dürfen
ihn nich böse sein – wegen sein'n *goldenen Herzen!*
  Wir begleiten ihn in diesen Schauspiel durch die südliche
Nächte . . . fahren wir mit in de Gondel einher . . . lauschen den
Klängen der Gitarren . . . flüstern verliebte Worte im Ohr der
Senjorita . . . und schmeißen auch schon mal Liebesbriefe über'm
Balkongitter. Also, daß wir da bei alle Sachen schön mit bei
sind. Augenblick, wat hast Du, Paul? – Wat is? –– Ach so . . . ja,
kannste doch'n Anschlag am Schwarzen Brett machen. Wie
bitte? – Au ja, dat is natürlich wichtig! Moment, ich sag Be-
scheid.
  So! Hört mal her: es spricht jetzt noch unser Schriftführer
Paul Ellersiek, und dann wünsche ich »Viel Vergnügen!« mit
diesen Lügner von Goldoni.

Paul Ellersiek löst den Referatsleiter »Kultur« vor dem Vorhang ab.
Paul ist älter, geht am Stock und spricht sehr gemessen.

Liebe Kolleginnen und Kollegen!
Ich habe ... die traurige Aufgabe ... Sie von den Ableben unseres 2. Vorsitzenden Willy Neumann ... Kunde zu ... äh ... verbreiten. Sie alle wissen, der gute Willy hatte Freitag nachmittag Karambolage oben am Zubringer. Ein Lkw is ne so mit ein'n Affenzahn dazwischengesaust. Die ärztliche Kunst hat es noch versucht, jedoch – vergeblich! Beerdigung is Dienstagmittag 12 Uhr oben am Südfriedhof. Herrschaften, es stehen 3 Omnibusse parat, die sind aber nur für die älteren Kollegen vom Hauptwerk. Ihr andern werdet dat ja wohl mit Eure jungen Füße noch einrichten können. Mann, wenn ich denke, wie ich in Euern Alter war, wat wir da für Sachen ... nich wahr ... aber alles per pedes Apostelorum! Jedenfalls – daß es jetzt nicht bei die Omnibusse wieder so einen Sturm auf die Bastillje gibt wie damals bei Dr. Münstermann. Das war ja wohl ein Ding'n bei so ein traurigen Anlaß, und ich glaube, das hat auch unser Willy Neumann bestimmt nicht um uns verdient ... daß wir ihm doch mal ruhig diese letzte Ehre erweisen können. Mit'n Personalrat is ausgemacht: Arbeitsbeginn erst wieder um 15 Uhr! Also, da kommt Ihr schön noch nach Haus, könnt gemütlich paar Eier inne Pfanne hauen, habt Ihr Zeit genug für Euch zum Erholen.

So! Jetzt noch eins: ich sehe hier so einige im Saal – will jetzt keinen scharf ankucken –, die haben de 3. Rate noch nich bezahlt. Herrschaften, der Kassierer is kein Affe, daß er hinter Euch herläuft wie so'n ... äh ... Blödmann ... nich wahr. Mensch bleiben – bitteschön, behandelt ihn so, wie Ihr selber ... als Menschen ... also, daß Ihr ja auch selber ... da ... ich meine, das wollt Ihr ja auch selber nich. Was Du nicht willst, was man Dir tu, das füg auch keinen andern zu! Das ist ein alter Satz – denkt mal an meine Worte.

Is wahr, wir sehen hier diese schöne Kunsterzeugnisse für eine Mark – Junge, dat is doch kein Geld, im Kino zahlt Ihr dreimal soviel! Wenn einer mal eine, zwei Raten im Rückstand is, da sagt man ja auch noch nix, aber wer jetzt die 3. Rate – dat sind die rosa Märkskes, da geht dat jetzt drum! – wer die noch nich im Heft geklebt hat ... darf ich doch wohl herzlich bitten! Soll sich lieber was schämen ... der Kassierer tut dat ja schließlich auch nich zum Vergnügen! Also, ich hoffe, daß das jetzt aber in Ordnung kommt und keine Klagen mehr geben.

So! Na ja! Und in diesen Sinne wünsche ich dann auch von mir aus »Viel Vergnügen!« allerseits bei diesen ... äh ... bei ... diesen ... wat se da jetzt spielen wollen ... bei diesen ... äh ... Theaterstück!

Feines Benehmen

Ich bin ja jetzt in so ein Tanzkurs, der läuft vom Personalrat aus für »fortgeschrittene Ehepaare«, aber is auch dies feine Benehmen mit bei, alles für'n selben Preis.

Der Tanzlehrer kommt zweimal inne Woche oben vom Münsterland oder Sauerland, kommt er mit sein'n Moped angejukkelt und bringt jedesmal seine ganze Anstandsregeln mit. Aber – ehrlich! – der Mann is Klasse, und müßten Sie mal erleben, wie er dann mit sein'n feinen Benehmen loslegt. Sagt er: »Paßt ja auf, Ihr alten Heinis, Ihr kommt mir noch lange nicht am Tanzen! Jetzt wird mal erst der ganze Anstand eingetrichtert!« Ja sehnse, der hat den Ehrgeiz und will das erreichen, daß hinterher von uns sich jeder so benehmen kann ... also, daß kein Mensch merkt, wat los is.

Wissen Sie, wie der dat macht? Der klappert einfach die einzelne Sachen ab, und erklärt er das. Weil es ja ein Unterschied wär zwischen mainzwegen eine Hochzeit und eine Beerdigung, und wenn man dann in die feine Gesellschaft Witze erzählt, müßten die verschieden sein, indem man sie den einzelnen Ereignis auch schön anpaßt. Aber am schlimmsten wär es mit die Tischsitten, meint er, da könnte man sich am besten bei blamieren. Wat da für Gefahren lauern, hätt ich mir nix von träumen lassen, ehrlich – daß man bald gar kein Appetit mehr hat! Und muß man wieder diesen Tanzlehrer dankbar sein, daß er alles so schön heraufbeschwört. Da kennt der nix!

Ja, stellen Sie sich jetzt vor – nur mal angenommen –, Sie wären ein vornehmer Mensch ... aus die sogenannte bessere Kreise, alles. Und jetzt wärense zu'n Mittagessen eingeladen. Die meisten denken, dat genügt, wenn man da hinmarschiert und sich nur eben kurz de Wampe vollschlägt. Ja, mein lieber Scholli – denkste! Schon wenn Du bei die Leute ankommst, lauert hinter der Tür die erste Gefahr – dat Dienstmädchen! Sagt der Tanzlehrer, das wär nicht richtig, wenn man die sofort unterm Kinn kitzelt, oder sogar in ihr'n ... Dingens ... da reinkneift. Sagt er, das wär doch wohl nicht fein genug. Und müßte man aufpassen, ständ' am Ende noch der Hausherr inne Ecke, daß der sowas etwa gar nicht gern sieht, weil er selber mit die Kleine irgendwie ... wat vorhätte. Na ja, jedenfalls sollte man Mensch bleiben, und den Hausherr auf kein Fall da im Handwerk pfuschen.

Dat Dienstmädchen macht eben nur de Tür auf, und sonst nix. Vielleicht, daß man sie noch dat Papier von de Blumen überreicht – aber auch nich einfach im Ausschnitt stecken, nur aus Jux und Dollerei, sondern anständig, wie sich das gehört. Und sagt man: »Bitteschön, würden Sie mich zu die Dame des Hauses geleiten, oder sagense eben Bescheid, ich wär da, alles.« Dann läßt sie einen inne gute Stube ... und da geht dat schon mit die Hausfrau los.

Der Tanzlehrer meint, es könnte nie verkehrt sein, wenn man die Dame bißchen wat Freundliches sagt. Vielleicht so paar weibliche Schmeicheleien: Oh, wat ham Sie heute de Haare aber viel schöner gefärbt wie letztes Mal ... ich glaub, Sie sind auch gar nicht mehr so dick wie damals ... und Ihr Pickel am Kinn is ja fast wie weggeblasen!

Das sind Sachen, was die Hausfrau natürlich gerne hört, und der Tanzlehrer sagt: »Mit den Hute in der Hand, kommt man durch das ganze Land«, das heißt, daß man diese höflichen Sprüche ruhig immer anwenden soll, is schon besser.

Jetzt kommt aber noch wat ganz Gefährliches, das sind die Blumen, die man für die Dame des Hauses mitbringt. Nicht wegen die Dornen, daß sie sich vielleicht im Finger sticht, sondern rote Rosen darf man überhaupt nicht! Da könnte nämlich der Hausherr eifersüchtig werden, und schmeißt er einen am Ende noch de Treppe runter. Rote Rosen darf man nur schenken als ein Zeichen, daß man schon richtig was gehabt hat mit die Dame; und wenn das nicht stimmt, is klar, daß dann der Hausherr böse wird.

Am besten is also, man klemmt sich so'n bunten Strauß unterm Arm, vielleicht von diese schöne Feldblumen. Nur muß man da aufpassen, daß es nicht hinterher heißt, man wär ein schrappigen Hund, indem man nix anlegen wollte, oder hätte die Blümkes sogar selber gepflückt am Bahndamm, für dat Geld zu sparen.

Der Tanzlehrer sagt, in so ein Fall müßte man es eben den Fingerspitzengefühl ... also, wie soll ich sagen? ... daß das *Fingerspitzengefühl*... die Sache da ... äh ... schon mal gradebiegt.

Na ja, wenn jetzt die andere Gäste auch eingetrudelt sind, geht das endlich los mit'n Mittagessen ... und mit diese ganze Tischsitten. Oh Mann oh Mann – da is vielleicht wat los!

Erst mal kriege ich so eine Tischdame angewiesen. Und zwar die rechts von mir is das, links die geht mich nix an, da brauch ich auch gar nicht hinkucken, aber rechts die Tischdame, wie gesagt, bin ich jetzt für zuständig. Und muß ich sie erst den Stuhl unterm ... Dingens ... also, daß sie da richtig schön am Sitzen kommt. Und denn muß ich beim Essen aufpassen, ob sie immer wat auf'm Teller hat ... muß schon mal de Kartoffeln hinschieben ... zwischendurch ein'n Witz erzählen, so plaudern ... diese Sachen.

Dat schlimmste is aber, daß man vorher nie weiß, wat die Mackers einem auf'n Teller tun, und was da für Regeln zuständig sind. Nun meint der Tanzlehrer, das wär auch garnicht nötig, daß man alle Sitten auswendig kann, wenn man sich nur zu helfen wüßte. Am gefährlichsten wären ja diese Meeresungeheuer: Hummern, Austern, Tintenfische – da gibt's sogar manchmal besondere Eßbestecke für. Aber ich kann mich trotzdem leicht rausreden, wenn ich nicht auf'n Mund gefallen bin.

Mainzwegen, wenn die mir so ein Hummer da auf'n Teller packen, sag ich einfach: »Au, dat is aber ein Ding!! Unser Oma is doch damals so mit Fischvergiftung zugrunde gegangen!« Und sagt man, daß man wegen diese *Pietät* jetzt nix mehr mit so ein Tier zu tun haben will ... – dat is natürlich Ausrede, is klar. – Bei Schweinefleisch kann man sagen, daß vielleicht grad heute von die Trichinen drin sind, die sind ja so gefährlich, die Biester. – Bei Geflügel, daß man selber Brieftauben hat oder 'n Kanarienvogel, die kucken einen immer so vertrauenswürdig an, daß man es auch hier einfach nicht übers Herz bringt. – Weinbergschnecken is man sowieso fies für.

Ja, auf diese Weise läßt sich das ausbalangsieren, daß hinterher nur noch Speisen übrigbleiben, die leichter zum Essen sind, und daß man sich nicht so oft blamiert: Spinat und Kartoffelpüree, Rotkohl, Grünkohl, Sauerkraut...

Das heißt, Sauerkraut is wieder gefährlich, wenn eine Mettwurst dabei is, die spritzt. Der Otto Flöttmann hatte doch die Tage in die Imbißstube am Bahnhof mit Schmackes inne Wurst gebissen, und hat er eine Dame neben ihm dat ganze Fett auf'n Frack gespritzt. Ja, konnte er noch froh sein, daß die ihn nicht zum Krüppel geschlagen hat. Dat Kleiderbad mußte er sowieso bezahlen, da gab's kein Vertun. Hieran kann man erkennen, daß die Gefahren nicht nur in so vornehme Gesellschaften lauern, sondern sogar am Tresen inne Würstchenbude.

Wissense, wenn aber gar nix anderes hilft, sag ich auf einmal: »Aha, da stelle ich ja gerade fest, ich hab ja noch mein Butterbrot von heute morgen inne Tasche – is so viel Not in der Welt, wär doch schad, wenn dat umkäm!« Dann bittet man den Gastgeber höflich, und der wird bestimmt die Genehmigung erteilen, weil, er macht ja noch den Reibach, indem er seine eigenen Vorräte einspart. Und dann beißt man nur noch in dat Butterbrot, da kann ja nicht so viel passieren.

Überhaupt, sagt der Tanzlehrer, die Hauptsache wär, daß man immer über den Dingen steht und nicht nervös wird, wenn wat schiefläuft. Man müßte einfach diese *Soweränität* haben, wie die Engländer, dann wär alles halb so schlimm. Wenn ich zum Beispiel ein Rotweinglas umkippe und die Dame neben mir das ganze Kleid bekleckere, dann machten die Deutschen meistens den Fehler, daß sie loslegen: »Ach, sowat Dummes aber auch! Nä, Frollein, dat tut mir ja so leid, ehrlich, könn'se glauben ...!«

Das wär falsch, sagt er, sondern man müßte dann diese Überlegenheit von die Engländer haben und andeuten, daß einem sowas jeden Tag passiert. Am besten also, man nimmt sich nix von an, kuckt ganz woanders inne Ecke und tut, als wenn das Glas überhaupt nicht umgekippt wäre. Dadurch hat man die *Soweränität* und is richtig schön so'n Engländer!

Für nächste Woche sollen wir uns überlegen, wie dat mit den feinen Benehmen beim Nachtisch klappt, zum Beispiel, wenn im Kirschkompott noch de Steine drin sind. Ja, dat sind natürlich Probleme! Auf'm Teppich geht nicht, wenn da so'n wertvoller Persianer liegt, will man das den Gastgeber doch nicht antun. Sicher, paar Kerne könnte man schließlich selber runterschlukken ... aber wenn einer Last hat mit'n Magen, is auch nicht richtig.

Ich hab mir dat jetzt so ausgedacht: wenn't gar nich anders geht, ruf ich auf einmal: »Au Junge – Achtung – der Kronleuchter!!!« Und wenn dadurch alle so angsterfüllt nach oben kucken, weil sie denken, dat Ding käm runter, in diesen unbewachten Augenblick kann man dann schnell die Kirschkerne inne Blumenvase tun, oder auf die Tischdame ihr'n Teller oder, wenn gar nicht anders geht, auch inne eigene Hosentasche. Dann is man natürlich fein raus!

Hinterher muß man sagen, das mit den Kronleuchter wär nur so'n Witz gewesen, da solltense sich nix bei denken! Und die Steine tut man bei die nächste gute Gelegenheit im Klo.

Sehense, wenn sich einer zu helfen weiß, kann mit den feinen Benehmen eigentlich gar nichts schiefgehn. Ehrlich, ich sag Ihnen dat, wie's is, könn'se ja selber mal alles ausprobieren!

Personen MAJOR · UNTEROFFIZIER · SOLDATEN

SOLDAT: Achtung – fuffzehn – er kommt.

Achtung!! Stube 105 – belegt mit 14 Mann – zum Unteroffiziersunterricht angetreten. Ein Mann zum Kartoffelschälen kommandiert, ein Mann wegen Darmverstimmung im Revier.

UNTEROFFIZIER: Hinsetzen! Ruhe jetzt! Setzen Sie grade hin! – nein, hier vorne Sie, mit die Blumenkohlohren! – Vordermann! Seitenrichtung! Herrschaften, ich bin ein gemütlicher Mensch. Aber wenn Sie glauben, daß Sie es mit mir vielleicht machen könnten, dann ... äh ... können Sie es nämlich nicht! Der Major schleicht durch de Gänge, ich hab keine Lust, mich jeden Tag anscheißen lassen. Immer wegen Stube 105. Ja, da brauchen Sie auch gar nicht lachen, hören Sie bloß auf mit Ihren feudalen Grinsen, sonst raucht dat aber mal hier im Karton.

So, jetzt geht es los! Unteroffiziersunterricht – Thema ›Körperpflege und Gesundheitsreinigung‹! Wat macht der Soldat, wenn er morgens aufsteht – Sie! Nein, hier vorne, mit die Blechbrille!

SOLDAT: Beten, Herr Unteroffizier.

UNTEROFFIZIER: Ja, beten – passen Sie ja auf, wenn Sie hier ein Vorgesetzten verkackeiern wollen!

Auf! – Hinsetzen! – Auf! – Hinsetzen! – Auf!

Junge, Junge – wie so eine schwangere Wanze. Sie sind vielleicht ein Heini! Setzen Sie sich hin, daß ich Sie nich mehr sehn muß, Sie nasser Sack!

Ich will jetzt nochmal alles erzählen – daß mir das jeder hinterher aufsagen kann!

Also! Dat erste, wenn der Soldat morgens aufsteht, dann putzt er de Zähne. Warum? Weil in der Nacht haben sich da so ... äh ... Kartoffelstückchen dazwischengesetzt, und dann tun die faulen.

Und dann wäscht er sich. Womit macht er dat? Da vorne – sagen Sie auch mal wat!

SOLDAT: Mit Seife, Herr Unteroffizier.

UNTEROFFIZIER: Nein, is Blödsinn! Mit nackten Oberkörper. Überallhin bis runter auf de Beine ... oder nicht de Beine, Hauptsache sind ja de Füße. Weil da gibt es Soldaten mit ganz

gefährliche Käsemauken. Und das is schon eine schöne Un-
kameradschaft, wenn die andere Kameraden immer den sein
Käsegeruch in der Nase ... äh ... rumriechen müssen. Da
ham die kein Interesse für.

Zum Schluß geht der Soldat auch unter de kalte Brause. Aber
hier, richtig druntergestellt, nich so ängstlich wie'n klein
Mädchen, sondern richtig ganz kalt! Das is dann nämlich besonders gut für de Weiber ... oder woll'n ma sagen, daß der
Soldat nich so scharf is auf de Weiber, da ist das gut für. Eine
»Kneippkur« nennt man sowat ... weiß ich auch nich, wie dat
im einzelnen funktioniert ——

Major tritt auf

UNTEROFFIZIER: Achtung!!! —— Unteroffizier Tegtmeier und
Stube 105 mit 12 Mann bei'n Unteroffiziersunterricht. 1 Mann
beim Kartoffelschälen. 1 Mann mit Darmverschlingung ab-
kommandiert.

MAJOR: Ja! Schön! Dann lassen Sie mal wieder hinsetzen.

UNTEROFFIZIER: Jawohl, Herr Major! *(mit ganz lauter Stimme)*
Hinsetzen!

MAJOR: Was machen Sie? Was haben Sie grade für ein Thema?

UNTEROFFIZIER: Äh ... Thema is ... äh ... Körperpflege und Gesundheitsreinigung, Herr Major.

MAJOR: Na ja, das ist ja auch immer sehr wichtig. Gut! Schön! Also dann fahren Sie fort, ich möchte mir das jetzt anhören. Erzählen Sie mal weiter!

UNTEROFFIZIER: Ja ... Herr Major, is aber nix mehr ... also woll'n ma sagen, is alles erzählt, wat da so zum Sagen war ... daß de Leute jetzt schön Bescheid wissen. Ja ... is grad vorbei, schade, daß Sie nich früher gekommen sind!

MAJOR: Na, dann sprechen Sie mal über ein anderes Thema. Sprechen Sie mal über die Handgranate, nicht wahr, die *Handgranate 33*.

UNTEROFFIZIER *(wenig begeistert)*: Jawohl, Herr Major!

MAJOR: Also bitte!

UNTEROFFIZIER: Jawohl!! — — Hinsetzen! — — Grade hinsetzen! — — Sitzen Sie Vordermann!

——————

MAJOR: Nun fangen Sie doch an, zum Kuckuck!

UNTEROFFIZIER: Jawohl, Herr Major! Ich weiß nur nich, wie soll ich dat jetzt ...? Soll ich selber erzählen, oder soll ich die Sachen mehr so aus de Leute rauslocken ...? Woll'n ma sagen, richtig schön alles aus de Nase kitzeln?

MAJOR: Ach was! *Sie* sollen *erzählen!* Seien Sie nicht so umständlich, das ist ja furchtbar mit Ihnen! Nun fangen Sie doch endlich mal an!

UNTEROFFIZIER: Ja, sicher! ... Jawohl, Herr Major! Die Handgranate 33 ——— Scheiße!

MAJOR: Was gefällig?

UNTEROFFIZIER: Jawohl, Herr Major! Äh ... die Handgranate 33 heißt »33«, weil sie in den Jahre 33 ... oder 1933 ... als eine schöne Kanone in die Wehrmacht hereingeführt wurde. Sie ist die Steilfeuerwaffe des Schützen ... also, mit ihr kann man auch hinter Berge schießen, Herr Major.

MAJOR: Ja! Aber *da* sitzen die Leute, denen sollen Sie das erzählen! Ich habe den Unterricht nicht nötig, ich weiß das! Nun sehen Sie doch zu, daß Sie weiterkommen! Das ist ja ganz fürchterlich mit Ihnen. — — Also, los jetzt!

UNTEROFFIZIER: Jawohl, Herr Major! – Fürchterlich mit mir! Die Handgranate 33 ist ... wie ich bereits erwähnte ... die Steilfeuerkanone des Schützen, und kann er mit hinter Berge schießen.

Also, nur mal angenommen, Sie sind anne Front im Graben, bei de Infantrie sindse abgestellt, hammse Pech gehabt, und liegense in'n Graben. Und der Gegner ... woll'n ma sagen, der is auch da ... in sein'n Graben is der so zugange ... wenn dann ein Berg dazwischen is oder ein Hügel, dann kann man de Handgranate schön oben drüber schmeißen. Und dann hat sie eine *herrliche moralische Wirkung* – also, daß der Gegner erschrecken tut ... für den Knall.

Ja, dann besteht die Handgranate noch aus drei Teile: dat is erstmal der Stiel – dann der Topf mit den Schießpulver ... oder nicht Schießpulver, mehr so Dinamit is da drin ... und dann das kleine Porzellanknöpsken für zum Abreißen. Und wennse abreißen, müssense zählen: einundzwanzig – zweiundzwanzig – und müssense dat Ding auch schon in hohen Bogen dem Feind im Gesicht schleudern ... oder am Kopp werfen ... alles. Ich meine, Sie können die natürlich auch länger inne Hand behalten, ich hab mal einen gekannt, der hat dat versucht – deshalb sieht man den heute aber auch so wenig!

Nä, dat war jetzt aber nur ein kleiner Scherz von mir. Thema beendet, Herr Major!

Junge, Junge, wenn man überlegt, was doch die Menschheit mit all ihre Wissenschaften und Erfindungen für Fortschritte macht, kann man die Leute nur bewundern. Und grade die Ärzte sind ja immer wieder gegen die Krankheiten losmarschiert, so Namen wie Robert Koch und Ignatz Semmelweiß hört man doch alle paar Tage im Schulfunk und verdankt es ihnen, daß sich die Menschen heutzutage öfter die Hände waschen und de Bakterien können nix mehr machen und gibt auch kein Milzbrand mehr oder Kindbettfieber, diese Schrecken der Menschheit.

Ich las neulich inne Zeitung, das hätte schon beim Neandertaler angefangen, wie der Pfeil und Bogen und'n Kochtopf erfunden hat, daß er dadurch erstmals sein Lebenslicht sehr verlängerte. Bis dahin war er ja hinter den flüchtigen Wilde hergelaufen, aber die waren meistens viel schneller wie er. Dadurch konnte er sich fast nur von kranke, alte Tiere ernähren, die Rheuma hatten und sowat ... also nur Fleisch II. Wahl. Aber wie er jetzt mit Pfeil und Bogen loszog, ließen sich auch bessere Tiere erjagen, die gesund waren und nicht mit soviel Krankheitskeime durchwachsen.

Nachdem se dann noch'n Kochtopf erfanden für dat Fleisch zu braten, und als dabei all die Bazillen starben wie de Fliegen, verlängerte sich das Leben des Menschen immer mehr, und is bis heute schon allerhand Aussicht geworden, daß man seine Rente oder Pension wirklich noch in den Genuß von kommt.

Wie gesagt, am meisten verdanken wir aber die Ärzte und ihre Fortschritte. Dat geht ja heute bei die ihre Untersuchungen immer einfacher und schneller. Zum Beispiel bei uns inne Nachbarschaft der Dr. Langensiepen, der erkennt Krankheiten nur noch an Punkte inne Augen. Ich war neulich kaum in sein'n Operationszimmer drin, da kuckt er mich nur so'n bißken an und sagt: »Na, alter Freund, wie ham wir's denn mit die Nieren?« Ich sag: »Ich war in'n Camping, Herr Doktor, aber – nicht daß ich wüßte! ...« »Ja«, sagt er, »passense auf, dann kommt dat noch!«

Und das hat der nur an ein'n Punkt in diese ... na, wie heißt dat Ding? ... nicht Pupille, sondern das andere drum rum ... da, sagt er, wär dat für ihm wie eine Landkarte – jeder Punkt eine Krankheit!

Nä, also wirklich, da kommense auch von weither, sogar von Holland, nur weil er für seine Punkte da . . . äh . . . diese Berühmtheit hat.

Ich hab mir sogar sagen lassen, es gäb überhaupt nur vier Ärzte in ganz Deutschland – und, ich glaub, ein Schäfer inne Lüneburger Heide –, die diese Geheimrezepte wat von Bescheid wissen.

Dann is der Langensiepen auch gründlich. Der kuckt die Krankheit wenigstens mal richtig hin. Er sagt allerdings, daß dat eigentlich die andere Ärzte auch tun müßten, weil die hätten ja alle diesen »Eid des Demokrates« geschworen. Und das hieße, daß der *leidende Mensch* . . . also . . . weiß ich auch nicht . . . woll'n ma sagen, wenn einer auch kein Moos zum Bezahlen hätte, oder daß er vielleicht nur mit'n Krankenschein angewackelt kommt, dat wär egal – Hauptsache: der *leidende Mensch*, der ständ aber ganz schön im Vordergrund.

Seit paar Wochen ham wir den Dr. Langensiepen sogar vom Betrieb aus als Vertrauensarzt – Personalrat hat zugestimmt –, und nun hat er bei uns auch das ganze Seelenleben unter sich.

Aber dat is vielleicht ein Ding'n! Der macht nämlich jetzt auch so neumodische Teste. Da kriegt mal erst jeder ne Karteikarte, und dann stellt der Arzt Fragen – aber ganz hinterlistig hintenrum! – und macht eine Anzahl Löcher in die Karte. Ja, und dann braucht er die nur noch in eine Maschine reintun, und – kommt schon unten raus, wat man für einer is!

Zur Sicherheit läßt er noch Bauklötze mit spielen, daran kann er auch den ganzen Charakter erkennen . . . mainzwegen ob einer für'n Versand geeignet is oder vielleicht besser anne Kreissäge . . . diese höhere Kwalifikazion.

Aber dat Schlimmste kommt für mich erst nächsten Mittwoch, da muß ich in den Farbentest. Dann sagt der Arzt: »Hier, bitteschön, wollense Ihre Lieblingsfarbe mal bißchen was bekanntgeben! . . .«

Nun angenommen, einer wählt »gelb«, dat is ja die Farbe des Neides und der Mißgunst, schon sagt der Arzt, man wär ein ganz giftigen Hund . . . daß man nur dat Betriebsklima kaputtmachte, und – is klar, ist man »nicht empfehlenswert«. Ja, aber jetzt sagen die, wenn man »gelb« nicht nähme, dat wär genauso schlimm. Weil dann sagt der Arzt: »Dieser Mann will es nur vertuschen!«

Dat is ganz belämmert, wat wollense da machen? Ich sag mir, ich nehm »violett«, dat is der Papst und de Bischöfe, da kann er ja nix gegen sagen, sonst steigen die ihn aber auf'm Dach.

Oder stellense sich mal vor, wat die Frauen im Betrieb, die Kolleginnen, wat die jetzt in eine Zwickmühle sind!

Angenommen, eine nimmt »weiß«, die Farbe der Unschuld, ja – da lachen doch die Hühner. Dafür kennt man sich doch viel zu gut, weiß man doch genau, wat los is!

Aber schon hat sie in ihre Kartei stehn: »Nimmt es mit die Wahrheit nicht genau!« Kannse sich für de Kasse schon nicht mehr eignen, kann sie höchstens noch inne Steuerbuchhaltung.

Nä, also ehrlich gesagt, ich persönlich halte ja auch viel mehr von diese *Aschtrologie*. Is wahr, der Mensch glaubt heute, wenn er so mit seine Sputniks durch de Lüfte saust, da dünkt er sich ... aber die Gestirne – Junge, die sind auch nicht ohne! – wenn man mal dahinterkuckt, die ham aber den Mensch ganz schön am Kanthaken, wenn er nicht aufpaßt.

Vielleicht kennen Sie sogar den Ausspruch von den berühmten Feldherr Wallenstein, im Dreißigjährigen Krieg, da sagt der schon zu sein'n Freund: »Es gibt Dinge zwischen Himmel und Erde, mein lieber Freund Horatzio, was Deine Schulweisheit sich aber nix von träumen läßt.«

Ja, bitteschön – der Mann hat eben Bescheid gewußt, wat los is! Oder denken Sie nur an Faust ... diesen Doktor Faustus, wennse dat mal im Theater erlebt haben, der is doch auch immer mit'n Fernrohr inne Sterne am ... rum ... am ... Stochern – und is schließlich von Goethe, der Mann. Also muß doch da auch bißchen wat dran sein.

Bei uns auf de Kirmes, da steht immer ein Aschtrologe – Sie, der Mann is Weltklasse! Der steht zwischen den Türkischen Honig und die eine Rollmopsbude. Aber was der aus die Sterne rausholt, dat is direkt unglaubwürdig!

So vor falsche Freunde warnt er einen, daß man vielleicht welche hätte. Dann weissagt er, ob man in den Jahr nochmal eine Reise ... äh ... also, verreist ... diese Sachen. Und meistens erzählt er, daß man ein sehr wertvoller Mensch wär – solang man nich gereizt würde! –, aber daß die Umwelt, diese Brüder, daß die de Gutmütigkeit nur ausnutzen, deshalb soll man da schwer auf Draht sein. Sehnse, dat sind dann so seine Geheimtips, und wenn man Bescheid weiß, kann man sich vorher drauf einstellen.

Was der Mann aber für eine Kanone is, dat erkennense besonders an ein Beispiel: Der hatte einmal mein Datum verwechselt, und hat er von ein'n andern den Geburtstag genommen. Und trotzdem, was er *den* Mann vorausgesagt hat – is haargenau auch auf *mich* eingetroffen! Ich meine, da kann man wirklich sehn, wie der die Sache schaukelt.

Dabei is er so ein ganz klein, unscheinbar Männeken. Hat natürlich ne dicke Hornbrille auf der Nase, daran können se ne leicht erkennen.

Nur – sagen Sie nicht, dat ich Ihnen das alles erzählt hab! Weil auf seine Prophezeiungen, die sind ja alle schon vorgedruckt, da steht extra unten drunter: »Es ist verboten, an dritte Personen weiterzugeben!« Na ja, Sie sind sicher mehr als drei inne Familie, vielleicht nimmt er die Sache dann nicht ganz so krumm. Jedenfalls gehn Sie mal hin, der Mann is Gold wert. Und dabei is er ganz billig.

Nur »Schicksal« kostet bei ihm drei Mark. Und für fünf Mark ist noch mit »Toto« und »Lotto« dabei.

Also dann – viel Glück!

Geträumte Historie

Is doch schön, wenn man in sein'n Vaterland nicht nur so rumwohnt, sondern wenn man auch mal erfährt, wie es alles gekommen ist, diese ganze geschichtliche Sachen. Denn der Mensch wäre ja ohne die Leute von früher gar nicht möglich, weil es immer weitergeht, im Leben. Und wenn einer mainzwegen am 17. Juni ein Ausflug macht zum Teutoburger Wald, ist es natürlich gut, wenn er über diesen Arminius dem Scheruskerfürsten, dann bißchen wat Bescheid weiß und stolz sein kann, daß der das Vaterland schon damals aus die römische Fangarme befreit hat.

Neuerdings weiß ich sogar über das Ruhrgebiet, mein Heimatland, schön Bescheid, weil ich in einem Bildungskurs bin, wo der Assessor Sülzkötter ein'n dat alles erklärt.

Vom Personalrat aus ham die uns da zu fünf Mann hoch inne Volkshochschule delegiert. Und wie gesagt, der Assessor Sülzkötter vom Mädchengymnasium, der bringt jetzt diese ganze Geschichte der Menschheit ... erzählt er, wat alles passiert is, im Lauf der Jahre.

Aber das is vielleicht intressant! Zum Beispiel sagt er: Deutschland – ... oder nä, nicht nur ... sondern auch drumherum ... woll'n ma sagen, die ganze Welt – dat wär einmal in eisgrauer Vorzeit wär dat alles nur Gas gewesen und Nebel ... wohl noch so paar Spiralen inne Luft – aber sonst nix!

Und wär Tausende von Jahre sonst nix gewesen, nur diese Sachen. Aber dann hätte sich allmählich doch auch die ganze Lebewelt entwickelt ... das Reich der Pflanzen ... und die Tiere wären meistens einfach aus'm Meer gekrochen.

Damals gab es ja zwischendurch immer eine sogenannte Eiszeit. Und die Tiere – die sind doch nicht dumm – auf die Dauer wolltense wohl im Wasser nicht immer wieder diese Kälte erdulden, und deshalb wären sie auf'm Land rauf. Dann wär das da wieder viele, viele Jahre bedeckt gewesen nur mit so ausländische Schachtelpalmen ... die ganzen Dinosaurier wären hin und her gepest ... diese Sachen.

Aber eines Tages, wie kein Mensch damit rechnete, wären auf einmal Adam und Eva auch schön mit rumgehüppt. Und die ham ja dann diese berühmte Angelegenheit da ... mit ihr'n Apfel ... is ja bekannt als ein schlimmer Fehltritt. Ja, aber dadurch haben sie sich wohl bevölkert, und sagt der Sülzkötter, die hätten dann das Menschengeschlecht über den Erdkreis ... äh ... also weiß ich auch nicht ... jedenfalls das Menschengeschlecht – daß da immer mehr von kamen.

Und jetzt war er am Erzählen: erst von die Pharaonen ... dann über Alexander, dem Perserkönig, daß der im Fluß ertrunken is, weil's den Tag grad so heiß war. Oder von die Seeschlacht bei Salamis, wie der Marathonläufer, dieser Nurmi, vierzig Kilometer gerannt is, daß er mal eben Bescheid sagt, wie der Kampf gewesen wär.

Wir sind jetzt schon nach Christi Geburt in'n Jahre 451. Wissense, wat da los war? – *Die Schlacht auf die katalaunische Gefilden!* »Osten prallt erstmals auf'm Abendland!« Die Sage berichtet sogar, drei Tage hätten die Geister der Erschlagenen noch inne Luft gekämpft. Davon kann man sich vorstellen, wat die aber schwer Wut im Bauch hatten. Sagt der Sülzkötter, eines Tages wären die Hunnen aus die Steppe ausgebrochen ... so auf ihre struppige Pferde ... und dem hattense immer Gehacktes

unterm Sattel – dadurch waren die Brüder so stark! Das hat man ja heute auch noch bei Metzger, wenn die viel rohes Fleisch essen, daß sie dadurch anständig Mucki inne Arme kriegen. Jedenfalls war das Abendland diese Kollegen damals ganz schön ausgeliefert. Aber der Karl Martell der hätt'se dann auf seine »Katalaunische Gefilde« aber ganz schön auf't Kreuz gelegt . . . da hattense aber nich mit gerechnet!

Attila, der Hunnenkönig, mußte sich dann auf seine Holzburg an der Theiß zurückziehn, und ging das da später mit diese bekannte Kriemhildsage weiter.

Na ja, weil wir aber doch grade vom Ruhrgebiet erzählen, da sagt der Sülzkötter, in diese ganze Zeiten wär dat in unsern Vaterlande alles nur Wälder gewesen . . . äh . . . schon mal paar alte Germanen dazwischen, dat is klar . . . aber sonst nix, nur das grüne Laubdach der Wälder.

Und diese Wälder wären dann eines Tages alle aus Kohle gewesen – Augenblick, daß ich jetzt nix verkehrt mache! – ja – nä, stimmt aber, nicht wahr, de Wälder wurden alle aus Kohle, bis auf de siebte Sohle – und dadurch war das dann auf einmal unser Ruhrgebiet!!!

Sicher, Kohle gibt es nicht überall, anderswo hat man andere Bodenschätze . . . schon mal Salz, so Sachen. Dat is nich ganz so alt . . . aber auch noch schön schlimm. Neulich stand sogar in der Zeitung, die hätten eine Bakterie gefunden im Salz, die war 230 Millionen Jahre alt. Dat muß man sich mal vorstellen! Und hättense die so rausgeprockelt und in eine Flüssigkeit rein – daß sie da richtig wieder am Krabbeln kam. So ein Ding!

Nun ham wir zu Hause überlegt, mit die Oma, wat wohl schöner is, eine Bakterie sein, mit so eine lange Laufzeit – 230 Millionen! – oder ein Mensch mit nur 70 Jahre . . . oder wenn es köstlich gewesen ist: achtzig!

Ja, stellense sich vor, man hätte als Mensch die freie Auswahl, wat man ab jetzt für'n Tier sein will. Da wär dann eine Liste . . . irgendwie von oben käm die runtergelassen . . . und auf der ständ dat alles drauf: je kleiner das Tier – je mehr hat's dafür eine längere Laufzeit, damit sich das ausgleicht. Wenn beispielsweise ein Mensch nicht so anspruchsvoll ist, der sagt: »Ach, is egal, ich geh auch schon mal in'n Tümpel.« Da kann er dann Kaulquappe werden oder Pantoffeltierchen . . . sicher, is dunkel da unten, nicht viel los – aber dafür kann er dann eine Riesenlaufzeit abklappern, ne halbe Million Jahre!

Ein anderer hat wieder mehr Ansprüche, will höher hinaus

im Leben, auch bißchen wat vonne Welt sehen, der wählt mainzwegen Giraffe. Is klar, da hat er von oben immer diesen herrlichen Rundblick, aber – nur fünfhundert Jahre lang.

Sehnse, so wär das alles ganz gerecht verteilt, mit Vorteile und Nachteile. Ein Spatz kriegt mehr Laufzeit wie'n Adler, weil der Adler hat ja als Ausgleich soviel andere Sachen ... der is ja schon beinah 'n Flugzeug!

Oder ne Mücke kriegt natürlich mehr Laufzeit wie'n Elefant, obwohl Sie nich denken dürfen, dat ging alles nur nach die Größe. Mann oh Mann, dann wollte ja kein Mensch mehr Elefant werden, weil der hätte dann ja nur die Lebensdauer von eine heutige Eintagsfliege.

Wahrscheinlich werden alle Tiere auch umkonstruiert. Vögel kriegen Kunststoff-Flügel ... vielleicht so Bakelite-Köppe ... und ganz andere Scharniere, weil die dann doch viel länger halten müssen. Ja, dat hab ich beinah vergessen zu sagen: die *Laufzeit* wird einem nämlich fest garantiert!

Also ist auch nicht mehr möglich, daß ein Mensch so'n Wurm

tottreten möchte. Dann hat der Wurm 'n Ausweis inne Tasche und sagt: »Hier, bitteschön – nix zu machen!«

Oder wenn die Katze wie bisher ein'n Spatz auffressen will, sagt der: »Nä, jetzt machen Sie aber kein Blödsinn, ich lauf doch noch unter Garantie!!« Ja, kannse nix machen, die Katze, muß sie sehn, daß sie jetzt vegetarisch ... da nur noch diese fleischlose Sachen ... ihr'n Küchenzettel mit fristet.

Unser Oma hat schon ihren Antrag am Laufen – auf Kuh. Wissense, die stammt aus'n Münsterland von ein Bauernhof weg, und da hatte sie wohl in ihre Jugend mal so'n Krösken gehabt, mit den Großknecht. Wir nehmen an – genau weiß man dat ja nie bei so alte Damen – ... sie hofft wahrscheinlich, daß sie als Kuh wieder auf denselben Hof käm und daß das dann da vielleicht schön weiterginge wie damals.

Ich persönlich hab wat anderes vor. Ich hab mir sagen lassen, Geheimtip wär »Ameise«. Wat besseres kann man sich doch auch gar nicht vorstellen, die sind ja ganz menschlich, haben im Wald Hochhäuser, Stadtverwaltungen, alles. Dann leben sie immer in diese ozonfreie Luft. Und laut Liste hätten sie sogar 100000 Jahre Laufzeit.

Nun stellen Sie sich mal vor, wat man da vielleicht für'n tolles Geschäft machen kann. Angenommen, die Ameise verschläft von ihre 100000 Jahre de Hälfte, das wären dann 50000. Jetzt müßte man noch wissen, ob Ameisen auch *träumen* – könnte man ja mal diesen Dr. Grinzmek fragen, mit sein'n Affe auf de Schulter. Ja, wat einer dann aber für'n Schnitt machen kann: anstatt Mensch tät man Ameise werden, und als Ameise könnte man dann 50000 Jahre lang träumen, man wär ein Mensch – Junge, Junge, dat wär doch *das* Geschäft des Lebens!

Merken Sie, wat man da für'n Reibach macht?

Mein lieber Scholli, ich kann Ihnen sagen ...

Der Hiwi-Germane

In einem römischen Heerlager irgendwo zwischen Alpen und Teuto-
burger Wald. Es erscheint der germanische Hilfswillige in römischen
Diensten, der Legionär Adolfus Tegtmeieriensis.

Herr Kollege! Moment mal! Entschuldigen Sie: dat Zelt von
den Zenturio, von den Marcus Metellus, können Sie mir da
mal behilflich sein? Wie bitte – hier? Ja, kannste mal sehn, so
ein Blödsinn! – steh ich davor und merk dat nich. Sicher, is klar,
sind ja auch Fransen dran! So ein Ding'n! Sind aber wohl noch
paar Mann vor, die reinwollen, da mach ich's mir mal hier auf
den Baumstumpf gemütlich, ich hab nämlich arg Malessen mit
de Füße!

Sagen Sie mal, sind Sie auch Germane? – Wie bitte? – Nä, ich

will Sie nicht beleidigen! Ich dachte nur, weil Sie auch so bißchen 'n rötlichen Schnurrbart haben ... – Ja, ich bin Germane. Sicher. Die ganze Zeit schon! Ich bin oben von Jütland bin ich weg. Und nun hab ich eben Post gekriegt, schreibt unser Opa – der is ja Sippenältester –, wir ham da eine Blutrache am Laufen. Weil die nämlich von eine Nachbarsippe bei uns eine Tante vergiftet haben. Und jetzt schreibt der Opa, ich soll nach Haus, ich wär dran, soll da mal einen kaltmachen. Ich war gleich wegen Urlaub bei de Kohorte, aber die sagten, dat Gesuch müßte über de Legion gehn, dat könnte nur der Marcus Metellus entscheiden.

Ach Junge! Ich weiß doch gar nicht, wie ich dat jetzt bewerkstelligen soll. Weil dat is eine Sippe, die waren immer schon so kiebig, da sind die berühmt für. Wohnen tun sie in so'n kleinen Talkessel, is schwer ranzukommen. Dann habense noch Hunde, mindestens zwei Dutzend von die Köter – ja, wie willste dat anstellen? Unser Opa sagt ja, ich soll mich, wennse de Herde raustun, soll ich mich abends unter so'n Schafsbock hängen. Aber ich möchte wissen, wie der Mann sich dat vorstellt. Ich bin doch 1,90 m lang – da kucken ja de Füße drunter weg.

Ich meine, wenn's nach mir ging, tät ich die nur kurz 'n Einbaum anbohren. Ha! Ha! Wennse dann auf Fischfang fahren, saufen sie schön ab – aber nä, is nix zu machen, dat erkennen wieder de Götter nicht an. Weil bei Blutrache, is klar, daß da wenigstens auch bißchen Blut mit bei sein muß, sonst hat dat ja kein'n Wert.

Dat Schlimmste is, wie dat jetzt mit mein'n Urlaub klappen soll. Ich hab mir nämlich sagen lassen, die Römer erkennen seit neustem Blutrache nicht mehr als Urlaubsgrund an. Ehrlich! Da wär eine Linie nördlich von Confluentes, da ging dat noch in Ausnahmefällen, aber weiter südlich wär nix mehr zu machen.

Sie kennen doch den Rothaarigen von de 2. Pfeilschützen, wissense, der früher mal als Fourier war, mit die viele Blatternarben – der is von Moguntiacum is der weg, und den hattense letzten Sommer sein eigenen Vater ermordet, aber hat er trotzdem kein'n Blutracheurlaub gekriegt! Muß man sich mal vorstellen, da laufen de Mörder jetzt noch frei durch de Wälder, dat is vielleicht ein Ding.

Na ja, bei mir mit Jütland müßte das im hohen Norden ja klappen. Aber kucken Sie mal, ich brauch allein für die Anreise brauch ich eineinhalb Jahre. Muß doch erst durch's Land der Chatten fahren ... dann bei de Ripuarier vorbei ... Junge, und zuletzt kommen de große Sumpfgebiete ... wennste Pech hast, land'ste da noch als Moorleiche in'n Museum.

Nä, unser Opa is aber auch zu dickköppig. Soll doch Schluß machen mit seine Alte-Germanen-Sitten, soll doch mit de Zeit gehn und mal bißchen europäisch denken. Is doch wahr!

Aber wissense, wat ich mach? Ich sag schon eben zu ein Kumpel: wenn alle Stricke reißen, werd ich Christ! Dann is Blutrache ja gottseidank verboten, dat dürfen die ja nich. Is mir egal, ich laß die Götter sausen, auch wenn dat dann mit de Beförderung vielleicht langsamer geht.

Ach, ich hatte soviel andere Pläne. Ich geh ja mit eine Römerin – hab ich so'n klein' Krösken mit –, die hat eine Weinkneipe unten in Trapezunt. Ja, is Witfrau, zweimal verheiratet gewesen, alles ... so ne Schwatthaarige is dat ... aber: kurante Olle! Au Mann! Sie kennen doch sicher den Schlager »Du Mädchen weich und rund – du Mädchen aus Trapezunt«, das kennt man doch schon von den Liede, daß die da unten Klasse-Weiber haben. Nun war ich soweit einig mit die Petronella, den Herbst wollten wir heiraten – bumms, kommt de Blutrache dazwischen! Nä, bei'n Jupiter, das is vielleicht ein Blödsinn. Hin und zurück bin ich allein drei Jahre unterwegens, ob die dat dann solang aushält, steht auch noch auf'n andern Blatt.

Gehnse weg, ich hatte die schönste Blütenträume mit mir so ... äh ... rumgeschleppt. Ich wollte noch nach Rom zum Augurenlehrgang, is jetzt alles »Sense«. Dabei is ein Schwager von mir, der is selber Oberaugur in Rom. Mein lieber Scholli, der hat de 2. Augurenprüfung aber mit Glanz und Gloria bestanden. Sie, der hat sogar Einblick in de *Geheime Liste*! Wissense da wat von Bescheid?

Für de *Geheime Liste* müssen Sie dreihundert Vögel dat Geschnatter ... also wie soll ich sagen? ... wenn die so inne Luft am Rumkurven sind, muß er peilen, mit ganz steile Ohren ... und muß er schon genau die Zahl raushören, wie viele dat da sind. Dann schlägt er in de *Geheime Liste* nach – und weiß er, wat de Götter für'n Schicksal beschlossen haben.

Aber er sagt, zwanzig oder dreißig Vögel, dat is nich schwer, is direkt 'n Kinderspiel ... aber so vierzig, fuffzig rum, da geht't los. Junge, dann wird dat aber schwierig! Und nun stellense sich mal vor: *dreihundert* Vögel – aber haargenau raushören die ihre richtige Anzahl!

Mein Schwager hat mir mal erzählt – Augenblick, is da

jemand? – entschuldigen Sie, aber ich muß aufpassen, weil über de *Geheime Liste* darf er doch eigentlich gar nix sagen, dat is ja so geheim, sonst kann er sich aber schon auf de Galeere gefaßt machen.

Is egal, er hat mir mal erzählt, nur als Beispiel: 275 Vögel ... dat Geschnatter da ... heißt: »Jungens, geht ran! Heute werdet Ihr den Sieg in der Tasche ... äh ... nach Haus tragen!« Und 278 Vögel – also nur 3 Stück Unterschied! – heißt: »Haut ab! Der Feind is fünfmal so stark!«

Ja, dat muß man sich mal vorstellen, wenn da nun so ein Stümper als Augur sitzt, der braucht sich also nur um drei Vögel verhören – – schon kann der ganze Feldzug im Eimer sein!

Sagense, Herr Kollege, wir zwei wir kennen uns doch auch? Ich meine sicher – waren Sie nich damals auf'm Steinschleuder-lehrgang? – Bestimmt nicht? – Dann haben Sie aber ein ganz schlimmer Doppelgänger! War auch so'n stattlicher Herr, genau mit Ihre Figur.

Ja, ich war beim Lehrgang, hab ja auch de Prüfung gemacht: Prüfung »S« für Schwere Befestigungswerke, alles. – Na ja, jetzt will ich aber sehn, daß ich hier die Festung von den Marcus Metellus erst mal erobere, von wegen den Urlaub nach Jütland, daß die tote Tante da doch noch gerächt wird. Ich glaub nämlich, ich bin dran. Also dann, Herr Kollege – bis die Tage! Drückense mir'n Daumen. Evöe!!

Die wenigsten Menschen wissen, daß sie Geister in der Wohnung haben, dabei sitzen die oft zu drei, vier Mann hoch auf de Lampen rum – inne gute Stube, auf'm Korridor, auf'm Klo, im Schlafzimmer – direkt unheimlich ist das! Aber, wie gesagt, die Leute wissen da nix von, weil diese Lampengeister natürlich unsichtbar sind. Das heißt, dreizehn Stück gibt es allein in Deutschland, die dürfen sich einmal inne Woche den Menschen zeigen, die haben Sondergenehmigung.

Mir ist das beinah unangenehm, davon zu reden, weil sowas ja doch keiner glauben will. Aber – ehrlich – ich hab seit paar Wochen festen Verkehr mit so ein'n Lampengeist, der bei uns im Wohnzimmer haust. Ich war ja selbst erstaunt, wie der da auf einmal vonne Lampe runterhüppte . . . erst auf'm Tisch, dann auf'm Stuhl . . . und von da aus stellt' er sich dann vor. Richtig anständig, wie sich das gehört: *August Nepomuk Tegtmeier* heißt er . . . das heißt, hieß er damals, wie er noch als Mensch rumlief.

Ja, jetzt bin ich aber froh, daß ich den kennengelernt hab, weil der ist wirklich ein angenehmer Mensch – äh, Geist, mein ich natürlich . . . – Entschuldigung! Donnerstags wird er sichtbar, dann gehen wir meistens zusammen ins Kino oben am Stadtgarten, oh, da hat er viel Spaß dran.

Übrigens, ein Schwager von ihm wohnt gar nicht weit von hier, in Hattingen, und zwar in einem Kaufhaus sitzt der auf de Lampe.

Aber jetzt ist unser Nepomuk bißchen ängstlich, daß da mal die Lampe verkauft werden könnte, und dann weiß er die neue Adresse nicht . . . (Und so nur durch Zufall auf de Straße treffen die sich nicht so leicht, erkennense sich auch oft gar nicht, weil die Geister sowieso ziemlich klein ausfallen.)

Unser Geist is noch verhältnismäßig jung, aus'm Dreißigjährigen Krieg is er weg, das hat er mir inzwischen alles erzählt. Und zwar hat er in der berühmten Schlacht bei Lützen, hat er ein'n vorn Kopp gekriegt, daß er davon dann Geist wurde . . . Dreihundert Jahre ist das jetzt schon her! Für die Geister läuft aber die Zeit viel schneller als für ein sterblicher Mensch. Weihnachten war der Nepomuk zum Beispiel ganz erstaunt – sagt er: »Gestern war doch erst Ostern.«

Komisch is, er muß ein Geheimnis aus sein'n Leben mit

sich schleppen – wenn er vonne Lampe steigt, ist er immer erst ganz nervös und ängstlich. »Ist das hier auch kein'n Bauernhof?« fragt er ... und: »Bitte, ist hier in der Nähe auch bestimmt keine Jauchegrube?«

Also, ich nehme an, daß er da als Mensch irgendein schlimmes Erlebnis hatte, vielleicht daß se ne sogar mal inne Jauche getunkt haben. Die waren ja damals so grausam, in'n Dreißigjährigen Krieg.

Wie gesagt, er ist noch ziemlich jung. Er meint, da gäb es welche mit 100000 Jahre und noch mehr. Der *Obergeist* zum Beispiel (der is gleichzeitig Präsident vonne Geistervollversammlung) wär ein Steinzeitmensch. Aber den wollense jetzt ablösen ... weil der Mann hat zu wenig Lebensart und Kultur ... sicher, kann man sich ja denken – aus de Steinzeit!

Dabei wär der ganz von sich eingenommen und sagte, er wär überhaupt ein Künstler, und daß er sogar in ein Museum müßte, weil er in diese berühmte Höhlen noch Männekens anne Wände gemalt hätte. Oh Mann, der gibt an wie ein Sack Sülze! Aber die meiste Geister sind der Meinung, er soll ja still sein, der steht sich heute auf de Lampe bestimmt besser als damals in seine Höhle.

Ach, wenn man mal so richtig dahinterkuckt, da herrscht doch viel Uneinigkeit inne Geisterwelt. Besonders mit die Alten aus de Steinzeit is immer Knies. Und da kann man auch garnix machen – wenn einer was dagegen sagt, gegen so'n Neandertaler, bumms, haut der ne gleich mit'n Steinkeil auf de Nase. Ja, da is manchmal richtig schwer wat los!

Na ja, hoffentlich bleibt unser Geist noch länger hier. Er wollte sich schon mal nach Finnland versetzen lassen ... sagt er, da wär eine Stiefschwester von ihm als Lampengeist. Aber ich trau ihm nicht ganz, er hat nämlich ein Krösken mit eine, die sitzt auf ein'n Nordlicht. Wahrscheinlich will er deshalb weiter da oben rauf in die ihre Gegend. Alle fünfzig Jahre können die Geister ja de Lampe wechseln. Müssense ein halbes Jahr vorher 'n Antrag stellen, das geht dann an de Geisterversammlung.

Jetzt im Herbst kommen sie wieder zusammen, in Neapel. Da is ja dieser feuerspeiende Berg, der Vesuv, der is schon lange als Geistersitz anerkannt ... (wegen den Feuer oben raus) ... Bald ein Viertel von die ganze Geister haben ihr'n Wohnsitz an diesem Vesuv gelegt, das wimmelt da so, der Nepomuk sagt, dauert keine vier, fünf Jahre mehr, dann kann ein Mensch, so'n Selbstmörder, der kann nicht mehr in den Krater reinspringen, kommt gar nicht bis oben rauf, weil der stolpert schon vorher über die viele, viele Geister ...

Aber is wirklich intressant, wenn man das alles mal erfährt ... auch so von den Leben in'n Mittelalter, wenn er da erzählt, dat war vielleicht ein Ding'n. Da saßen die in die Badehäuser inne Waschtröge, Männlein und Weiblein zusammen in so ein Bottich, und fanden die nix dabei ... das heißt, die zwei schon, die fanden das schön – aber die Büttel, die kuckten nur und machten se keine Meldung. Mann, dat wär doch heute gar nicht mehr möglich wegen die Zensur, aber kann man mal sehen, wie das ganz prima war im Mittelalter und gar nicht so finster, wie manch einer denkt.

Im Augenblick gibt es drei Arten von Geister: Lampengeister, Schornsteingeister und Kirchturmgeister. Bei die Kirchturmgeister is aber Vorbedingung, die müssen schwindelfrei sein. Und müssense ein Attest beibringen, daß sie so große Höhen auch vertragen. Der Nepomuk meint, hier auf de Aloysiuskirche, da säßen von den Feldherr Hannibal, wie der mal über de Alpen gezogen is mit seine Elefanten, von diesen Heer fast die ganze Nachhut, die säßen alle Mann hoch auf de Aloysiuskirche ... (die kannten sich, und sind se dann schön zusammengeblieben).

Is kaum zu glauben, wer so überall als Geist is. Unserer sagt, da gäb's eine geheime Liste mit die ganze Adressen, aber die hätte nur der Obergeist, dieser Neandertaler. Trotzdem sickert schon mal was durch ... sagt er, es würde zum Beispiel gemunkelt, daß Pippin der Kurze bei De Gaulle auf die Nachttischlampe sitzt, und de Mona Lisa auf ein'n Kronleuchter in de Villa Hammerschmidt.

Durch die moderne Errungenschaften haben de Geister ganz schön profitiert. Vor siebzig Jahren saßen ja bald alle noch auf Petroleumlampen, oben auf'm Glaszylinder. Das war aber schlimm, da konnten se sich bald jeden Tag schön den Allerwertesten verbrennen. Brauchte ja nur so'n Mensch den Docht bißchen höher schrauben – wenn der Geist vielleicht grad eingeschlafen war, schon war's passiert.

Heute kriegense immer mehr Auswahl, wo se sich niederlassen können. Im Augenblick hammse ein'n Antrag am Laufen, daß Bildschirme und Zündkerzen als Geistersitz anerkannt werden. Das wird bestimmt genehmigt (Glühwürmchen und Fahrradlampen hammse voriges Jahr durchgebracht).

Morgen geh ich mit den August Nepomuk Tegtmeier wieder

ins Kino, da läuft ›Gustav Adolfs Page‹. Das spielt genau zu seiner Zeit im Dreißigjährigen Krieg, deshalb will er sehn, ob er nicht 'n paar alte Kumpels auf de Leinwand wiedererkennt.

Vorher trinken wir uns gemütlich ne Tasse Kaffee, essen 'n Stück Kuchen zusammen ... ich freu mich schon drauf ... ja, das is doch richtig schön, wenn man mit'n Lampengeist so gut befreundet ist.

Fortschritt der Zeit

Die Heiratsvermittlung

Personen BARON GUIDO V. SCHÖNTAU, Inhaber eines Heirats-instituts · ADOLF TEGTMEIER, Eheaspirant

BARON: So, bitte kommen Sie her – immer hereinspaziert! Ich bin der Mann, der hier das Glück verwaltet. Mein Name ist Baron Schöntau.

TEGTMEIER: Ah ... jau – bitteschön! Oder nä, also is sehr angenehm!

SCHÖNTAU: Bitte, setzen Sie sich doch, machen Sie sich's bequem.

TEGTMEIER: Jawohl – ich bin so frei! Hier auf dem Ding'n? Junge, der is aber schön wackelig, Ihr Stuhl.

SCHÖNTAU: Wieso?

TEGTMEIER: Ach, is egal ... lassense mal, geht schon! Dat müssen Sie nur mal Ihr'n Schreiner sagen, sind diese Nuten, da braucht der nur bißchen Tischlerleim dazwischen tun, dann können Sie noch paar Jahre schön drauf rumrutschen.

SCHÖNTAU: Na, das ist ja dann ein guter Rat. So! – darf ich nun aber erst mal Ihren Namen notieren?

TEGTMEIER: Jawohl – bitteschön!

SCHÖNTAU: Nämlich?

TEGTMEIER: Jetzt weiß ich nicht ... wat meinen Sie denn jetzt?

SCHÖNTAU: Ich sagte doch: ich bin Baron Schöntau! Und wie heißen *Sie* denn?

TEGTMEIER: Ach so, ja, is angenehm! Aber nä, das tut mir leid, also Baron bin ich keiner. Oder woll'n ma sagen: noch nicht! Wir hatten wohl beim Militär, inne Rekrutenzeit, da hatten wir ein Kompaniechef – Sie, der Mann war auch ein echter Baron. Kenn' ich also schon wat von, und sind Sie jetzt Nummer 2 von diese Sorte. Ja, ich komm nich mehr auf den sein Name ... mit so Säbelbeine war der ... 'n ganz ver-knitterten Kopp – hatte richtig bißken Ähnlichkeit mit Ihnen! ... Entschuldigense, wat wahr is, da kann man ja nix dran machen. Dat tut mir bestimmt selber leid!

SCHÖNTAU: Na ja, das ist ja sehr ... sehr nett, daß Sie mir sowas sagen, Herr – – nun muß ich aber endlich Ihren Namen wissen!

TEGTMEIER: Könnense ja: Tegtmeier! Dat können Sie schön aufschreiben.

Schöntau: Na, gottseidank, das hätten wir dann doch geschafft! Nun, Herr Tegtmeier, was wünschen Sie von mir?

Tegtmeier: Ja, siehste – jetzt geht dat los mit meine Wünsche. Ich hatte Ihnen ja bereits ein Brief geschrieben, daß ich des Alleinseins müde bin … und daß ich auf diesen ungewöhnlichen Wege da … also … mal kucken wollte, ob Sie vielleicht so ne Dame für mich auf Lager hätten, richtig für zum Heiraten, alles … diese Sachen.

Schöntau: Ja, das ist doch unsere Aufgabe als Ehevermittler, die Kandidaten zusammenzubringen – auf jedes Töpfchen paßt schließlich auch ein Deckelchen.

Tegtmeier: Ha! Ha! Sie, mit den Deckelchen, dat is aber gut gebracht. Ehrlich! Bei uns vorige Woche, wie der Alois Brockhoff wie der die Ida Hülsmann geheiratet hat – die war auch so'n Deckelchen! Ich meine, *er* is ja auch keine Schönheit.

Deshalb is er doch aus'n Turnerbund raus ... weil mit kurze Hosen, da hat er sich immer scheniert, nä, sollte lieber keiner sehn wat los is.

Aber *sie* erst mal, die Ida! Junge, so mit Sauerkrauthaare war die, dann ihre ganze Sommersprossen in'n Gesicht verteilt ... und denn hatse noch'n Silberblick, daß kein Mensch weiß, wen sie überhaupt ankucken tut ... Also, seien Sie froh, Herr Baron, auf *dem* Töpfchen wären sogar *Sie* noch sitzengeblieben, da könn'se aber für wetten!

SCHÖNTAU: Na ja, Herr Tegtmeier, das ist ja alles, was Sie mir erzählen, sehr, sehr nett – Sie sind ja ein recht amüsantes Temperament – aber was ist nun mit Ihrer Partnerin, haben Sie da schon Vorstellungen?

TEGTMEIER: Weiß ich auch nicht – wieso Vorstellungen? *Sie* sollen mir die Dame doch jetzt vorstellen!

SCHÖNTAU: Nein – ich meine: wie sie aussieht.

TEGTMEIER: Ich kenn die doch noch gar nicht!

SCHÖNTAU: Sie verstehen mich falsch. Wenn Sie jetzt Ihre Partnerin fürs Leben selbst aussuchen könnten, wie müßte die denn dann sein?

TEGTMEIER: Meinense vielleicht die ihr Gesicht, und alles?

SCHÖNTAU: Ja!

TEGTMEIER: Ach so! Ich wußte gar nicht, wat Sie wollen. Aber nä, dat will ich Ihnen genau auseinandertüfteln ... is ja schön, wenn man sogar selber auswählen darf. Also – ich hätte gerne eine Dame, wenn's geht in »blond« und ... vielleicht mit so bißchen dickere Oberarme, wenn Sie das schon mal einfädeln könnten.

SCHÖNTAU: Dicke Oberarme?

TEGTMEIER: Ja sicher! Ich will Ihnen auch sagen, warum. Ich hatte doch im Krieg mal ein Krösken mit so eine Ukrainierin. War ja eigentlich verboten, aber wußtense alle in den Dorf, ich hatte de meiste Schangsen bei die. Junge, Junge, dat waren Zeiten! Ja, und die hatte, wie gesagt, diese wunderbare Oberarme. Die Frau konnt' ich aber auch nie ganz vergessen – ehrlich! –, da träum ich sogar heute manchmal noch ganz schräge Sachen von. Deshalb, wenn Sie so wat Ähnliches zum Anbieten hätten, wär schön!

SCHÖNTAU: Nun, ich notiere mir das: »blond« und »etwas fülliger«. – Sie sind ja auch Landwirt, Herr Tegtmeier?

TEGTMEIER: Dat stand ja in meinem Brief: »Landwirt« und ... äh ... morgens inne Molkerei.

SCHÖNTAU: Na, da wünschen Sie die stämmigen Arme sicher, damit Ihre Frau dann und wann auch noch mit tätig sein kann –

TEGTMEIER: Nä – also eigentlich ... wollte ich dat ... äh ... mehr für zum Spaß! Wissen Sie – für't Herz! Ich find dat nämlich schön; woll'n ma sagen, das ist meine Geschmacksrichtung. Verstehense? – ich steh da drauf!!

SCHÖNTAU: Na ja, das kann man ja auch durchaus miteinander verbinden, nicht wahr, wenn man jetzt ans Eheschließen denkt, kann man natürlich das Angenehme auch mit dem ... äh ... na, ich versteh schon, was Sie da meinen ... das werden wir auch ... machen Sie sich da mal gar keine Sorgen. Schön, also die dicken Arme habe ich notiert –

TEGTMEIER: Unterstreichen Sie ruhig! ... zweimal, dat Sie nich vergessen!

SCHÖNTAU: Ja! So! Und hätten Sie da sonst noch Wünsche?

TEGTMEIER: Wennse auch noch schöne Beine ... Ich meine, man will nich unbescheiden sein, aber wenn Sie die noch dabeitun könnten –

SCHÖNTAU: Gut, also schöne Beine werden gewünscht – und wie steht's denn mit Geist und Charakter?

TEGTMEIER: Ja sicher, auch – – Charakter ... wär natürlich zu begrüßen, wennse einen hätte.

SCHÖNTAU: Und wie soll der im einzelnen sein?

TEGTMEIER: Weiß ich auch nicht – – angenehm – oder lieb ... lieblich ... nä, paß auf, schreibense hin, is besser: friedlich! Nich so'n Besen! Ich hatte nämlich neulich mal so eine Schwatthaarige, die hab ich hier in'n Café »Corso« hab ich die kennengelernt. Sicher, Temperament und alles hatte sie ja, aber die war vielleicht ein Deuwel! Zu Hause hatse gleich Krach mit de Oma gekriegt ... ganzen Teller Bratkartoffeln anne Wand geschmissen ... Also, ich hab sie dann auch gesagt, ich sag: »Mädchen, aber so Sachen nicht mit mir!!« Ich sag: »Wir sind schließlich immer noch zivilisierte ... äh ... Dingens ... so Europäer«, sag ich. Nä, ich wollt die auch gar nicht wiedersehen – ich habse rausgeschmissen! Aber deshalb denk ich, daß man bei »blond«, da is man vielleicht mehr vor so Überraschungen sicher – meinen Sie nich?

SCHÖNTAU: Nun, das könnte natürlich auch eine Frage der Schulbildung sein, wie steht's denn damit?

TEGTMEIER: Ich war auf Landwirtschaftsschule, aber nur Abendkurs, weiß ich nicht, ob dat genug war.

SCHÖNTAU: Nein, ich denke jetzt an Ihre Zukünftige, stellen Sie bei der Anforderungen an die Bildung?

TEGTMEIER: Ach nä – ich weiß nich, Bildung, die sind dann meistens viel zu krabitzig. »Bleibe im Lande und nähre Dich redlich«, dat is mein Wahlspruch, und bin ich immer gut mit gefahren. Also Bildung, Herr Baron, könnense ruhig weglassen ... ehrlich, dat hat kein Wert!

SCHÖNTAU: Wie Sie meinen. Dann will ich nochmal wiederholen: blond, liebes Wesen oder friedliche Natur –

TEGTMEIER: Sie, Herr Baron, gut dat se darauf kommen, auf de Natur! Schreibense hin: keine so angemalte Puppe, nich soviel geschminkt ... lieber richtig schön »Naturkind«!

SCHÖNTAU: Na gut!

TEGTMEIER: Ich war neulich doch in'n Kino, da spielte diese ... äh ... nich Lolita, diese andere, das »Mädchen aus den Urwald« – aber die war von morgens bis abends immer nur Naturkind! Und die hatte auch als Arme diese herrliche dicke »Ottos« ... deshalb, wenn Sie sowat mal an Land ziehn könnten, dat wär schön!

SCHÖNTAU: Wir wollen mal sehn. Also charaktervolle Blondine wird gesucht, mit natürlichem Charme und schönen Beinen ... tja, da ist natürlich das Problem, ob man diese Vorzüge alle so auf einmal – –

TEGTMEIER: Na ja, wenn dat zuviel is, könnten wir ja de Beine weglassen – Hauptsache, sie hat was an de Füße!

SCHÖNTAU: Wie? Meinen Sie da Geld?

TEGTMEIER: Na ja, dat wär auch nich zum Verachten ...

SCHÖNTAU: Das ist natürlich wichtig –

TEGTMEIER: Ja, sag ich auch! Jetzt hat man soviel Jahre unten rumgekrost, und will man doch mal in'n Leben auch auf diesen grünen Zweig bißken rauf.

SCHÖNTAU: Ist das bei Ihnen Bedingung, Herr Tegtmeier?

TEGTMEIER: Ich weiß nich – darf man dat? Ich hätte Ihnen ja sowieso auch noch alles gestanden. Also, ich möchte eine Dame in »blond« und mit so dicke Arme – aber auch mit eine *Einheirat* ... diese Sachen, alles.

SCHÖNTAU: Na schön, dann weiß ich Bescheid. Aber am besten gehn wir jetzt mal in medias res.

TEGTMEIER: Wo is dat denn? Bleiben wir nich hier?

SCHÖNTAU: Ach was, das ist lateinisch und heißt »So, jetzt geht's aber mal los!«

TEGTMEIER: Ah so – ja früher, da war ich in Fremdsprachen

ganz groß ... ehrlich, war ich richtig als Spezialist bekannt!
Aber im Augenblick hab ich zuviel andere Sachen im Kopp,
kann ich mich mit so Fremdwörter nicht beschäftigen. Die
Tage hatten wir erst Viehzählung, da geht sowieso alles
bißchen durcheinander. Na ja, is egal – gehn Sie jetzt mal in
Ihre Melias und Tres.

SCHÖNTAU: Schön, dann wollen wir mal sehen, was wir hier in
dem grünen Album haben. Herr Tegtmeier, das sind die
Einheiraten.

TEGTMEIER: Wie? Sind die alle in den Buch, die ganze Kandidaten? Grün is ja sowieso die Hoffnung ... kannste mal sehn,
die suchen alle einen?

SCHÖNTAU: Ja, hier wäre erst mal Fräulein Scheffler, von Beruf
Pianistin ... na, das kommt wohl weniger in Frage? ...

TEGTMEIER: Nä, ich hab schon genug Last mit de Ohren!

SCHÖNTAU: Wie wär's mit dieser Dame? Die ist Direktorin
eines Museums.

TEGTMEIER: Herr Baron, wenn's geht, nich so alte Sachen –
wenn man bißchen auch noch wat davon hat, dat wär mir
lieber.

SCHÖNTAU: Na, dann schauen Sie sich mal diese Dame an: das ist
Fräulein Stengel, die kommt aber nach allem wohl in Frage.

TEGTMEIER: Darf ich die mal inne Hand nehmen? Au, Junge!
Die is ja ... haha! Aber – nä, wenn man genau hinkuckt, die
Formen von diese Dame die sind ... woll'n ma sagen, die hat
gar keine! Is alles so spuchtig ... Junge, da kriegste ja blaue
Flecken! Also ehrlich, Herr Baron, ich glaub, dat weiß ich
jetzt schon auswendig: diese Dame bin ich abhold! Die is zu
dünn. Steht ja auch unter dem Foto: Almuth *Stengel!*

SCHÖNTAU: Na ja, Sie müssen das natürlich wissen, Herr Tegtmeier. Also schauen wir weiter ...

TEGTMEIER: Ja, schauen wir weiter. Sie ham ja noch genug in
Ihr'n Büchsken.

SCHÖNTAU: Wie ist es hiermit: Fräulein Beisenkötter, 42 Jahre,
von Beruf Lehrerin – ach so, das ist Ihnen dann wieder *zu*
geistig?

TEGTMEIER: Ja nu, ich würd ja auch so was mal in Kauf nehmen.
Aber kuckense mal, die hat so'n Pferdegebiß ...

SCHÖNTAU: Wieso?

TEGTMEIER: ... die sieht doch aus, als hättense sie mit ne Brot-
kruste aus'n Urwald gelockt. Nä, komm schnell, Herr Baron,
blätternse weiter, die is nix.

SCHÖNTAU: Na ja, Sie müssen sich natürlich auch ernstlich mal . . . nicht wahr, es gibt doch auch innere Werte, da muß man sich doch mit der Dame erst mal befassen!

TEGTMEIER: Is gut, befassen wir dann bei de nächste. Bestimmt, die hatte kein'n Wert!

SCHÖNTAU: Sie sind aber auch ein sehr anspruchsvoller Kunde, Herr Tegtmeier! *(Blättert)*

TEGTMEIER: Au – wer is dat dann? Moment, nich so viel überschlagen. Zeigense mal her, davor die Seite! Ha, Junge, kannste mal sehn: Elfriede Hufnagel. Die is ja eine Wucht, wie sie so kuckt, mit den Kompotthut auf'm Kopp!
Aber – ich weiß nich, wenn man dann genau hinsieht, is das Leben wieder voll Enttäuschungen. Die hat doch kein'n Wert! Herr Baron, kennen Sie diese Sophia Loren?

SCHÖNTAU: Ja sicher.

TEGTMEIER: Und Gina Lollobrigida?

SCHÖNTAU: Na, trau schau wem, Sie sind ja ein Schmecklecker!

TEGTMEIER: Nä, wollt ich nur sagen: hat diese Elfriede hier leider keine Ähnlichkeit mit diese Filmdivas . . .

SCHÖNTAU: Bitte, dann lesen Sie aber mal, was hier steht: Elfriede Hufnagel, 45, bietet Einheirat in elterliches Gut von

400 Morgen und 200 Stück Milchvieh, dazu großer Schweine- und Hühnerbestand. Die ist aber wirklich ein Objekt! Dann ist sie Vollwaise – auch das noch! –, also gar kein Risiko, kein Ärger mit der Verwandtschaft zu erwarten. Gesucht wird: »Landwirt mit Herz und Gemüt«. Na bitte!

TEGTMEIER: Sicher, is klar, dat wär ich dann!
Aber Herr Baron, kuckense mal richtig hin – die is ja ganz schief!

SCHÖNTAU: Ich weiß, sie ist da etwas ... äh ... das Foto macht das aber auch *zu* schlimm ... der Mensch kann sich eben nicht selber malen. Das liegt bei ihr an einer Krankheit, und über sowas soll man ja eigentlich auch garnicht spotten.

TEGTMEIER: Wie? – is die krank?

SCHÖNTAU: Na ja, was heißt krank ... das ist von Geburt an bei ihr ... sie ist natürlich in Behandlung, und da müßte man eben mal sehen, wie das weitergeht ... oder müßte es auch in Kauf nehmen – dafür wird da ja allerhand anderes geboten, das hab ich Ihnen doch gesagt.

TEGTMEIER: Sicher, Herr Baron, ich würd Ihnen jetzt auch gern mal den Gefallen tun, aber kuckense selber – dat wird ja bei der immer schlimmer!
Nä, wissense wat, tunse die in Reserve! Wenn nix Besseres mehr kommt, können wir ja nochmal kucken!

SCHÖNTAU: Na ja! Ach! Schon gut! Das ist aber wirklich nicht leicht mit Ihnen. Also bitteschön! Sehen wir weiter – hier ist Sigrun Bollmann, blond, sogar erst 29 Jahre ...

TEGTMEIER: Siehste!

SCHÖNTAU: ... schuldlos geschieden ... bringt allerdings drei Kinderchen mit in die Ehe. Sie sind doch kinderlieb, Herr Tegtmeier?

TEGTMEIER: Weiß ich auch nich. Ich hatte ja mal einen Hund. Kinder eigentlich weniger ... oder woll'n ma sagen, die hatte ich wohl überhaupt noch nicht. Aber gleich drei Stück, dat wär doch bißken happig!

SCHÖNTAU: Herr Tegtmeier, Sie sind aber auch *zu* anspruchsvoll, mein Lieber, das muß ich Ihnen jetzt aber wirklich mal sagen. Das Leben geht nicht immer so, wie man will. Man muß da auch mal Konzessionen machen, darf nicht alles gleich *so* auf die Goldwaage legen. Man muß da auch mal fünfe grade sein lassen – sonst kommen wir ja nie zum Ziel!

TEGTMEIER: Aber nicht gleich so'n Stall voll fremde Blagen!

SCHÖNTAU: Ach was!

TEGTMEIER: Hörense doch auf, dat täten Sie doch selber nicht, Herr Baron, sindse doch mal ehrlich! Aber mir geht da wat ganz anderes durch'n Kopp: die Kandidatin eben, mit die Krankheit ... und mit ihr'n großen Mustergut –

SCHÖNTAU: Fräulein Hufnagel?

TEGTMEIER: Ja. Sie sagen also, die is immer krank?

SCHÖNTAU: Na ja, »immer« kann man das eigentlich nicht nennen –

TEGTMEIER: Lassense ruhig, is ja nicht schlimm! Aber dat wär dann doch auch möglich – is klar, man will natürlich nichts Schlechtes wünschen – aber könnte doch sein, daß die dann vielleicht gar nicht mal so lange lebt.

SCHÖNTAU: Ja, nun ... –

TEGTMEIER: Tunse mich doch ausreden lassen! Wenn die nun mal was passiert – ich meine, wünscht man nicht und freut sich sogar, wenn sie lange lebt, aber – könnt ja auch mal sein. Dann ging doch der Hof ... äh ... der gehört doch dann den Mann ... also, wär ich doch da dieser *Erbe*?

SCHÖNTAU: Sicher! Sie würden natürlich sofort Hoferbe, dann gehört Ihnen das alles!

TEGTMEIER: Ja, Herr Baron, nicht daß Sie vielleicht was Falsches denken ... ich meine, man will da ja schlimme Sachen vermeiden, und ich wünsch die jetzt schon alles Gute – ehrlich, könn'se glauben! – aber man muß im Leben doch auch die Zukunft mal im Auge blicken ...

SCHÖNTAU: Sicher, das ist sehr richtig und bedacht von Ihnen.

TEGTMEIER: Ja, dann würd ich sagen, daß wir vielleicht ruhig so ne Dame nehmen, die auch bißken kränkelt – hammse da nich noch mehr von da? Vielleicht könnten wir das mit die andere Sachen schön kombinieren.

SCHÖNTAU: Ach! Na ja! Also bitteschön, wer ist denn da noch? Hier – Fräulein Elvira Zimmermann, ohne Anhang ... nein ... oh je, das ist ja *Frau* Zimmermann – entschuldigen Sie. Aber sehen Sie, 80000 Mark Barvermögen – Herr Tegtmeier, jetzt wird's interessant! – größerer Hausbesitz ... Sie ist allerdings, das muß ich Ihnen sagen, viermal geschieden, ich weiß nicht, ob Sie das stört ... na ja, wer weiß auch, was da schuld war. Die Kandidatin ist 55 Jahre –

TEGTMEIER: Was is los?

SCHÖNTAU: Ich meine, nach dem Paß! Aber sie sieht doch noch sehr gut aus, schauen Sie mal selbst, die ist ja noch richtig knackig!

TEGTMEIER: Ich weiß nich ... Sie, dat Fotto ist so undeutlich, vielleicht haben die dat extra gemacht, daß man nicht erkennen soll, wat los is. Und 55 Jahre! Man will doch mit die Partnerin ... oder Kandidatin ... noch bißchen wat ... machen. Ich meine, daß man ein paar schöne Jahre gemeinsam die Sachen, oder das Leben ... woll'n ma sagen, daß man diesen gemeinsamen Lebensweg da noch bißchen wandeln möchte.

SCHÖNTAU: Na – und? Das können Sie doch!

TEGTMEIER: Aber wenn die viermal geschieden is, dann heiratet die jetzt dat fünfte Mal – nä, wer weiß, wat die für Macken hat! Kränkelt sie denn wenigstens?

SCHÖNTAU: Nein, aber sie hat die andern Vorteile! Sie wissen ja gar nicht, was Sie wollen. Erst soll die Kandidatin beschränkt sein ... also in der Lebenserwartung, dann wollen Sie – aus durchsichtigen Gründen! – noch schöne Jahre verleben! Mal soll sie dicke Arme haben, und gleichzeitig todkrank sein! Ich verzichte auf solche Kundschaft. Heiraten Sie doch im Urwald!

Der Baron räumt das Feld

TEGTMEIER: Junge, Junge, kannste mal sehn – *er* is schlecht sortiert, hat nix zum Anbieten, nur Ladenhüter in sein Album, und will jetzt noch frech werden. Wer weiß auch, ob dat überhaupt stimmt mit die Krankheit. Unsereins verläßt sich drauf und kuckt hinterher inne Röhre!

Und so ein Mann der will Baron sein – daß ich nich lache!! Hier is der Kunde *König*!!! Is doch alles Schiebung. Die gute Partien, wer weiß, wo er die hinfummelt! Aber is egal, man kehrt sowieso im Leben immer bei seine erste Liebe zurück. Wissense wat? Ich fahr inne Ukraine! Ich brauch doch den Blödmann gar nicht, kann doch dat Geld sparen ... Wat glauben Sie, wat die Tajissa für Augen macht, wenn ich auf einmal wieder am Ziehbrunnen steh!

Ha, Junge, vielleicht hat sie sogar seit damals noch diese durchbrochene Bluse an, wo man so schön sehen kann: die ihre wunderbar, wunderbar dicke Oberarme – jau, ich fahr los!!!

Die Führerscheinprüfung

Prüfer Dipl.-Ing. Schraube · Prüfling Herr Tegtmeier

Schraube: So! Ich glaube, wir können dann mit der theoretischen Prüfung beginnen und ... hier vorn der Herr, kommen Sie doch mal vor! Nein! Da! – ja, Sie meine ich. Ihren Namen sagen Sie mir auch, bitte!

Tegtmeier: Wer – ich?

Schraube: Ja!

Tegtmeier: Wie ich heiße?

Schraube: Ja, ja ...

Tegtmeier: Äh ... – jawohl! – also ... Tegtmeier, das is mein Name!

Schraube: Schön! Ich bin Diplomingenieur Schraube vom Überwachungsverein –

Tegtmeier: Angenehm!

Schraube: Nehmen Sie doch Platz!

Tegtmeier: Jawohl!

Schraube: Nun, Herr Tegtmeier, wir beide müssen uns mal unterhalten, Sie wollen sich ja ans Steuer eines Kraftwagens setzen –

Tegtmeier: Nein! Entschuldigen Sie ... äh ... Führerschein wollt' ich gern machen ... also, daß ich den dann hätte ... daß Sie mir den heute verpassen ...

Schraube: Sicher, das ist ja da die Vorbedingung, nicht wahr. Wir müssen jetzt aber erst sehen, ob Sie auch alle Regeln beherrschen und sich im Straßenverkehr richtig benehmen. Also! – nehmen wir mal an, Sie fahren mit Ihrem Pkw ––

Tegtmeier: Nä! – bitteschön, Sie sagen das ja schon wieder falsch, weil ... ich hab ja noch gar kein Auto! Ich hab zwar so'n kleinen Leukoplastbomber anne Hand, von ein Arbeitskollege, aber *hundertfuffzig Mark* will der dafür haben – der is sowieso so'n schrappigen Hund ...

Schraube: Ja nun, Moment mal, schön, das ist ja Ihre Privatsache, das interessiert uns hier aber weniger. Sie sollen jetzt auch nur *annehmen*, Sie *hätten* einen Wagen und wollten eine Fahrt machen. Was ist dann? Was gibt es da für Regeln? Erzählen Sie das jetzt mal!

Tegtmeier: Ja, da gibt es diese ganze Fahr-Regeln.

SCHRAUBE: Nämlich?

TEGTMEIER: Ich weiß nicht, was Sie jetzt ... anspielen. Es gibt auch noch die ganzen Schilder, wat da so rumsteht ... diese Sachen.

SCHRAUBE: Ja, aber jetzt wollen Sie fahren! Was müssen Sie dann ... da gibt's doch Vorschriften ... das geht ja schon vor Antritt der Fahrt los. Was ist da alles erforderlich?

TEGTMEIER: Jawohl! Sicher, da ham Sie wieder recht! Also, es geht schon vor Antritt der Fahrt geht es los – oder besser, *ich* gehe los, so um den Wagen herum, und bekucke ihn.

SCHRAUBE: Was tun Sie?

TEGTMEIER: Wegen die ganze Fahrsicherheit ... muß ich feststellen, ob die da ... alles vorhanden ist. Und kuck ich schon mal, ob schön Luft in die Räder is ... oder: inne Schläuche! –– das heißt, kann ja sein, daß der »Schlauchlose« hat, dann ist das sogar angenehmer, wenn der Wagen hinterher platzt.

SCHRAUBE: Was ist das? Was ist los?

TEGTMEIER: Ja ... bei »Schlauchlose«, wenn ... in voller Fahrt, wenn dat platzt, ... platzt es langsamer! Daß ich vielleicht sogar noch bis zu ne Tankstelle oder bis zu de nächste Werkstatt gelange, und dann is da erst Feierabend ... daß die Luft sich also so lange hält.

SCHRAUBE: Schön – ja, ich weiß, was Sie sagen wollen. Aber jetzt mal weiter – Sie haben also den Wagen überprüft, die Luft in den Reifen kontrolliert und: können Sie jetzt fahren?

TEGTMEIER: Nein! Jetzt gehe ich in mein Auto rein ... und prüfe ich es weiter. Ich drück schon mal auf'n Lichtknopp ... und den Winker betätige ich – Fahrtrichtungsanzeiger, wie dat Ding'n da heißt –, das ist gut, wenn ich in ein fremdes Grundstück einbiege, daß ich meine Absicht kundtue. Und wenn einer hinterhergejuckelt kommt, daß der Mann dann schön Bescheid weiß.

SCHRAUBE: Na ja! Nun fahren Sie aber endlich los!

TEGTMEIER: Nein! Jetzt steig ich wieder aus!

SCHRAUBE: Warum denn?

TEGTMEIER: Ja, ich hab Ihnen doch gesagt, daß ich auf dem Lichtknöpsken gedrückt hab ––

SCHRAUBE: Wie, weil Sie aufs Licht gedrückt haben, steigen Sie wieder aus? Was soll das denn?

TEGTMEIER: Ja, da war ich doch drin, in den Auto ... und muß ich jetzt wieder aussteigen und draußen kucken, ob es auch brennt ... die Lampen, ob dat auch an is, alles. Weil – die Verantwortung kann mir kein Mensch abnehmen!

SCHRAUBE: Schön, Herr Tegtmeier, nun ist das aber erledigt, Sie haben alles überprüft und – nun fahren Sie doch endlich los! Sie kommen ja nie ans Ziel!

TEGTMEIER: Ja, jetzt fahr ich los – das heißt, erst geh ich natürlich wieder rein, in dem Wagen. Und wenn ich dann nur am Steuerrad sitze, bin ich schon ein »Verkehrsteilnehmer« und komm schon inne Flensburger Kartei. Wenn ich mir da ... irgendwas für Stückchen erlaube ... zum Beispiel »Alkohol am Steuer« darf ich nur noch 8 pro mille bei mir haben.

SCHRAUBE: Wieviel?

TEGTMEIER: Au nä – Moment mal! »0,8 pro mille« dürfen dat sein. Das kommt, weil der Justizminister leider nicht mehr genehmigt. Und deshalb darf man ... höchstens 2 Pils und 2 Doppelkorn, mehr darf man sich auch nicht genehmigen. Sonst kommen die vonne Polizei, und muß ich in eine Tüte blasen – dann färbt sich da die Luft bunt – und wissen die, daß ich »blau« bin. Das hat ja kein'n Wert!

SCHRAUBE: Na ja, Herr Tegtmeier, da sagen Sie etwas, was –

TEGTMEIER: Sie, ein Schwager von mir, den hammse jetzt ganz schön anne Hammelbeine. Der mußte auch in so ne Tüte bla-

sen . . . und jetzt is er . . . äh . . . immer mit die Tüten zugange –
'n Vierteljahr hammse dem verpaßt!

SCHRAUBE: Sicher, Herr Tegtmeier, das ist ja klar, daß Sie sich
nicht mit Alkohol ans Steuer setzen dürfen –

TEGTMEIER: Nä, mein Schwager war das ja auch!

SCHRAUBE: Na ja. Schön! Nun, wir wollen mal annehmen, daß
Sie in Ihrem Wagen sitzen und fahren – worauf müssen Sie
besonders achten?

TEGTMEIER: Wat meinen Sie denn jetzt?

SCHRAUBE: Na, auf der Straße muß doch Ordnung herrschen!

TEGTMEIER: Ach so! Ja sicher . . . also: kein Papier aus'm Fenster . . . Bananenschalen, all so Sachen.

SCHRAUBE: Sie verstehen mich falsch! Es gibt doch gewisse
Regeln . . . gewisse Vorschriften . . .

TEGTMEIER: Nein – es gibt den Paragraph 1!

SCHRAUBE: Na, also . . .

TEGTMEIER: Ich hab gleich gemerkt, daß Sie da hinsteuern! Der
is natürlich eine Wucht, den muß ich immer . . . aufsagen . . .
immer schön dran denken.

SCHRAUBE: Ja? Nämlich wie lautet der?

TEGTMEIER: Der Paragraph 1 der Straßenverkehrsordnung!

SCHRAUBE: Ja?

TEGTMEIER: So lautet der.

SCHRAUBE: Zum Donnerwetter, dann sagen Sie ihn doch!

TEGTMEIER: Wer? Ich?

SCHRAUBE: Ja, nun los doch!

TEGTMEIER: Ach so – kennen Sie den denn nicht?

SCHRAUBE: Herr Tegtmeier, ich will feststellen, ob *Sie* ihn kennen, *ich* weiß Bescheid, aber *Sie* sollen jetzt zeigen, was Sie
wissen.

TEGTMEIER: Sicher, da muß ein'n ja nur ein Ton von gesagt
werden! Der Paragraph 1 der Straßenverkehrsordnung . . .
darf ich meine Mitmenschen nur soviel behindern oder belästigen . . . – – Nä! – ich darf die andere Verkehrsteilnehmer . . .
also, ich darf sie nur nach die Umstände . . . oder: nach meine
Umstände . . . darf ich die Leute alle belästigen. Und das ist
nicht viel, da komm ich nicht weit mit!

SCHRAUBE: Ich glaube, wir kommen mit Ihnen auch nicht weit!

TEGTMEIER: Ja, jetzt bin ich auch ganz nervös, ich weiß auch
nicht, gestern abend klappte dat noch so schön, unser Oma
hat mich alles abgehört . . .

SCHRAUBE: Na ja, dann was anderes: stellen Sie sich vor, Sie fahren auf der Straße, und plötzlich läuft über die Fahrbahn dieser Überweg, dieser ...

TEGTMEIER: Zebrastreifen?!!!

SCHRAUBE: Ja!

TEGTMEIER: Sehnse, auf einmal fluppt dat!

SCHRAUBE: Was ist da los?

TEGTMEIER: Also, den Zebrastreifen muß ich genau ... hinkucken, ob sich da Passanten bewegen ... vieleicht geht eine alte Oma grad daher, oder ein Opa mit'n Krückstock. Dann muß ich das beobachten, ob die ... vielleicht wieder rückwärts gehn oder all so Sachen machen. Und muß ich es ermöglichen. Ich darf sie jedenfalls nicht einfach totfahren, sondern ... man muß in so ein Fall Mensch bleiben ... also, daß man die alte Leute schon mal leben läßt.

SCHRAUBE: Und wenn nun an dem Überweg noch zusätzlich gelbe Lampen angebracht sind?

TEGTMEIER: Dann hat die Oma Vorfahrt?

SCHRAUBE: Na ja – nun fahren Sie über den Zebrastreifen, worauf müssen Sie weiter achten?

TEGTMEIER: Jawohl, dann fahr ich dadrüber – nicht über die Oma, auf die hab ich ja aufgepaßt – sondern über diesen Streifen.

SCHRAUBE: Und dann?

TEGTMEIER: Ja, dann ... bin ich wieder am Rollen ... und muß meine Aufmerksamkeit weiter ... diesen Paragraph 1 muß ich weiter ... beachten. Weil die Straße ist ein gefährliches Pflaster! Vielleicht können spielende Kinder ... daß die ihr'n Ball unter meinen Wagen rollt ... und die Kinder schön hinterher ... das darf ich dann vermeiden. Oder daß ein Betrunkener auf de Fahrbahn liegt und schläft sich mal bißchen aus ... oder ist einer schlecht geworden ... diese ganze Sachen, muß ich auf die Leute immer Rücksicht nehmen.

Es kann auch sein, daß ein Pferdefuhrwerk daherfährt, da darf ich nicht so dicht dran vorbeifahren ... weil wenn mich das Pferd dann erkennt, erschreckt der sich und fängt am Laufen. Und das ist alles dieser Paragraph eins – und das Menschenleben – und die Güter ... die drei Sachen!

SCHRAUBE: Ja, Sie müssen sich im Verkehr eben so verhalten, daß nichts geschieht, nicht wahr, und Sie sollen dabei auch mit dem Leichtsinn oder der Dummheit Ihrer Mitmenschen rechnen.

TEGTMEIER: Jawohl, ich muß immer daran denken, daß die andern vielleicht noch dummer sind als ich.

SCHRAUBE: Nun, was ist, wenn es geregnet hat?

TEGTMEIER: Is naß!

SCHRAUBE: Ja!

TEGTMEIER: Und glatt!

SCHRAUBE: Ja!

TEGTMEIER: Äh ... der Bremsweg, der ist da sehr gefährlich, also ... der rutscht alles weg.

SCHRAUBE: Worauf müssen Sie bei Regen besonders achten?

TEGTMEIER: Dann darf ich nicht durch die Pfützen fahren! ... Oder nä, da käm ich ja gar nicht weiter ... also fahr ich durch die Pfütze – aber mit den Paragraph 1! Und ich darf meine Mitmenschen nur soviel naßspritzen, wie ich sie nach meine Umstände ... da ... alle naßmachen kann. Weil alte Leute können sich sonst erkälten, kriegen vielleicht Grippe oder Lungenentzündung, und das ist ja dann nicht so angenehm ...

SCHRAUBE: Herr Tegtmeier, stellen Sie sich vor: es hat gebummst!

TEGTMEIER: Ein Gewitter.

SCHRAUBE: Nein, ich meine etwas anderes – Sie kollidieren mit einem fremden Fahrzeug!

Tegtmeier schweigt

SCHRAUBE: Das kann doch mal vorkommen, nicht wahr, Sie kollidieren mit einem andern Wagen.

TEGTMEIER: Ja sicher. —— *(schweigt betreten)* —— Entschuldigen Sie, Sie benutzen da so ein Schlagausdruck –

SCHRAUBE: Ach so – ich meine, Sie haben einen Unfall.

TEGTMEIER: Nein! – warum denn?

SCHRAUBE: Das ist doch mal denkbar.

TEGTMEIER: Nä, also ein Unfall – ist es am besten, wenn ich überhaupt keinen Unfall habe.

SCHRAUBE: Es ist nun aber passiert! Wir wollen das hier in der Prüfung nur annehmen.

TEGTMEIER: Ich weiß Bescheid – und hinterher lassen Sie ein'n durchplumpsen!

SCHRAUBE: Herr Tegtmeier –

TEGTMEIER: Jawohl, mit Speck fängt man Mäuse! Nä, also ein Unfall kommt bei mir nicht in Frage – is abgelehnt!

SCHRAUBE: Tun Sie mir doch um alles in der Welt den Gefallen: Sie sollen sich nur *vorstellen*, Sie *wären* in einen Unfall verwickelt.

TEGTMEIER: Mit Verwundete?

SCHRAUBE: Warum?

TEGTMEIER: Weil Sie sagen: »verwickelt«.

SCHRAUBE: Das kann dahingestellt bleiben. Was dürfen Sie im Falle eines Unfalls aber niemals tun? – was ist dann das Allerwichtigste?

TEGTMEIER: Ach so, ja! Wichtig – oder: allerwichtigst ist für mich natürlich die Fahrerflucht! Das heißt, darf man ja gar nicht machen ... nicht flüchten, sondern ich muß am Unfallorte verweilen und seh erst mal nach, ob ich noch unschuldig bin ... und wenn dat alles schön geklappt hat, kann ich kukken, ob der andere vielleicht auch noch aus sein'n Führerhaus rausklettert. Das is in so ein Fall für mein eigenes Gewissen ja eine freudige Überraschung, weil ich dann weiß, daß der Mann ebenfalls noch lebt. Das will man ihn schließlich vergönnen. Nur darf ich die Sache auf kein Fall zugeben –

SCHRAUBE: Warum denn?

TEGTMEIER: – weil de Versicherung das nicht haben will, sonst nehmen die sich da nix von an. Deshalb muß man schön abwarten, bis sie es genehmigen, daß man den da reingesaust ist.

SCHRAUBE: Nun ja, wie können Sie denn überhaupt einen Unfall vermeiden?

TEGTMEIER: Ja, ich kann es ... durch meine Fahrweise kann ich

es vermeiden ... und muß ich auch immer denken: die alte Oma, die vor mir hergeht – es könnte ja meine Mutter sein ... oder mein kleines Töchterchen ... und das will man doch auch nicht, daß die einfach totgefahren werden. Oder es könnte sogar meine eigene Frau sein – – das heißt, ich leb' ja in Scheidung, deshalb wär die Sache da nicht ganz so schlimm ... oder ... nä, da darf man eigentlich gar nicht dran denken ... weil die ist ja trotzdem noch ein Menschenleben!

SCHRAUBE: Herr Tegtmeier, Herr Tegtmeier, ich weiß nicht, Sie erzählen mir da Dinge ... äh ... ich weiß wirklich nicht, wie ich Ihnen daraufhin den Führerschein ausstellen soll. – Nun noch eine letzte Frage, jetzt nehmen Sie sich aber mal zusammen! Was ist, wenn Sie bei Nacht fahren, im Dunkeln? Was müssen Sie da beachten?

TEGTMEIER: Wenn es draußen dunkel ist?

SCHRAUBE: Ja.

TEGTMEIER: Das wär also, wenn ... die Dunkelheit herrscht ... woll'n ma sagen, inne Nacht, alles ...

SCHRAUBE: Ja?

TEGTMEIER: Da muß ich ... die Dunkelheit beachten ... und meine Fahrweise muß ich die Dunkelheit ... gerecht werden.

SCHRAUBE: Ja, wie denn?

TEGTMEIER: Mit den Paragraph 1 ... wieder.

SCHRAUBE: Zum Donnerwetter! Was ist dann die Folge von Paragraph 1?

TEGTMEIER: Ja, also ich darf meine Fahrweise ... äh, bei Dunkelheit ... darf ich nur so schnell fahren, wie weit ich kucken kann, wenn ich einen totfahre – daß ich das grad noch schön sehen kann, sonst hat das ja kein'n Wert.

SCHRAUBE: Ja, Herr Tegtmeier, mit Ihnen hat's auch keinen Wert, also: Schluß! Aus!

TEGTMEIER: Is gut, aber wo kann ich mir denn jetzt meinen Führerschein abholen?

SCHRAUBE: Bei mir nicht! Vielleicht auf dem Mond!

TEGTMEIER: So ein Ding! Kannste mal sehn, alles gewußt und – trotzdem! Jetzt soll ich noch auf'n Mond – und alles ohne Führerschein! Junge, Junge, wenn dat nur gut geht!

Der kluge Spaßmacher

Eine mittelgroße Stadt mit einem gebildeten und intelligenten Publikum. Es ist Samstag abend. Der Saal füllt sich allmählich mit Menschen, darunter auffallend viele junge Leute. Dann kommt ein großer schwerer Mann aufs Podium – nicht von Fans ekstatisch begrüßt, wohl aber mit der herzlichen Freude empfangen, mit der man zu einem guten Freund sagt: »Mensch, schön, daß du da bist!« Jürgen von Manger steht zwei Stunden auf der Bühne, ohne Ensemble und ohne Kulisse, immer im gleichen normalen Anzug, und begeistert.

Es gibt viele Weisen des Lachens. Bei ihm knallt keine grelle Lache auf; denn er hat keine überraschenden Pointen zu bieten. Wo sonst im Kabarett die Pointe kommt, kommt bei ihm der Alltag. Er fordert auch nicht ein grimmiges Gelächter heraus; denn er entlarvt und bekämpft nicht, im Gegenteil, es geht bei ihm friedlich zu, selbst bei unfriedlichen Stoffen, und seine kurzen, wohlgeformten Stücke enden leise. Aber manchmal hört man unter den Zuhörern gedämpfte *Zwischentöne der Vergnügtheit*, und manchmal ist das Lachen nur ein Husch. Das ist die angemessene Antwort auf die hintergründigen Nuancen, von denen seine Sätze voll sind, auf das Unwägbare, das in der Schwebe bleibt. Zum Schluß sind alle innerlich warm geworden. Sie fühlen in Herrn Tegtmeier sich selbst verstanden und sich selbst aufgehoben; denn er hat ihrem unklaren Empfinden Sprache verliehen. Nun nehmen sie erleichtert ihren Alltag wieder auf, mit etwas mehr Humor, mit ein wenig Selbstironie. Die Griechen waren der Meinung, daß sich in der Aufführung der Tragödie bei den Zuschauern eine »Reinigung der Leidenschaften« vollziehe. Aber nicht nur die große Kunst kann eine »Katharsis« bewirken; auch in der kleinen Kunst, der Kleinkunst gelingt dies von Manger. Das Kabarett hat meist ganz andere Ziele: etwa das Aufjagen der Bequemen in der Satire oder das Spiel mit dem Gewagten rings um die allzu gefestigte Mitte des Normalbürgers oder Equilibristik der tollen und gedankenvollen Worte, damit der Geist der Schwere nicht überhandnehme (Friedrich Nietzsche: »Nur Schritt für Schritt – das ist kein Leben«). Nichts davon hier; statt dessen endlose Ebenen von Durchschnittlichkeit, und trotzdem ein heiterer Glanz über planen Flächen. Wie kann das sein?

Man hat gesagt, von Manger bringe dadurch eine eigene Note in der Geschichte des Kabaretts, daß er Lust und Leid des kleinen Mannes schildere. Doch der Begriff des kleinen Mannes ist in seinem Falle schief. Man denkt ja dabei an einen Kleinbürger in einer kleinen Stadt, mit viel Klatsch und langatmigem Behagen. Aber die Städte, in die *er* führt, sind groß, ja endlos, ohne Mittelpunkt, ohne Gesicht, ohne Schönheit, ohne Tradition. Städte? Man nennt sie heute gestelzt und richtig »Ballungszentren der Industriebevölkerung«; man trifft sie überall in Europa und Amerika an, weshalb denn auch die Wirkung von Mangers nicht regional fixiert ist; man versteht ihn in Berlin und Hamburg, aber auch in Zürich und Bonn, und würde ihn wohl auch in Chicago verstehen. Zwar setzt er beim Ruhrgebiet an, aber trifft dabei eine allgemeine Lage. Der Mensch, der bei ihm Stimme gewinnt, lebt an Arbeitsplätzen, an denen er so etwas wie eine humane Schraube in einer komplizierten Maschine ist, vor Mammutbauten der Verwaltung, die ihn von der Geburt bis zum Grabe beherrscht (kommunal, »auf Landesebene« und »auf Bundesebene«, steuerlich, hygienisch und versicherungstechnisch), in riesigen Wohnblöcken, in dem er z. B. die Wohnung 117 im 10. Stock des Hochhauses 12 »ist«. Von Manger läßt alle sozialen Gebilde der Vergangenheit beiseite und geht dorthin, wo nur noch unsere Gegenwart gilt. Durch ihn erfährt man, daß es nicht nur einen Urmenschen der Eiszeit, sondern auch einen *Urmenschen der modernen Technik* gibt. Wie der Urmensch ferner Jahrtausende hat er keine Geschichte, keine Bildung. Er hat nicht an den großen abendländischen Gestaltungsformen der Antike und des Humanismus teilgenommen. Frei von haltenden Überlieferungen, steht er am Anfang. Er beginnt täglich mit dem Tage eins und kennt nur das, was ihn umgibt. Freilich unterscheidet er sich vom Menschen der Eiszeit in einem sehr wichtigen Punkt: dieser hatte die formlose Prärie um sich; jener aber schlägt sich im formenreichen späten Europa durch. Es ist etwas völlig anderes, ob der Tag eins in eine noch geschichtslose Zukunft hinein vollzogen wird oder ob er auf eine geschichtshaltige Vergangenheit folgt.

Letzteres bedingt Schwierigkeiten. Das Leben des »kleinen Mannes« in der kleinen wohlgegründeten Stadt ist orientiert; aber der Mann an der Ruhr ist desorientiert. Auf Denkmälern, schrieb einmal von Manger, schaue der *homo carbonis* immer unerhört stark, selbstbewußt und zukunftsträchtig in die Gegend. In Wahrheit aber habe er den sozialen Aufstieg noch gar nicht verkraftet: »Komplexe und der Argwohn gegen sich selbst sind die Bürde, die ihn ständig drückt.« So unternimmt der Humorist das Abenteuer, das Wollen, die Phantasien und die Klischees des Kumpels zu schildern, und siehe: das sogenannte »einfache« Leben erweist sich als recht *verwickelt*.

Wie kann man diesen Mann von der Ruhr vor Augen stellen? Der Wissenschaft als Soziologie oder Psychologie sind bei der Lösung einer solchen Aufgabe enge Grenzen gesetzt. Sie bleiben gewissermaßen draußen und gegenüber, schaffen uns nicht den lebendigen Menschen herbei, sondern bieten notwendig Abstraktionen. Von Manger aber vollbringt in scheinbar harmlosen Skizzen die meisterhafte soziologische Leistung der Veranschaulichung. Nun sehen wir den scheinbar Offenkundigen und doch so Verzwickt-Verborgenen vor uns; wir lernen sein Bewußtsein und auch sein Unbewußtes – Ängste und Träume, Verdrängungen und Idole – kennen; wir hören ihn, mitsamt den Gefahrenstellen, wo ihm die Worte stocken oder versagen, wo er sich nur noch mit einem »äh« oder einer nichtigen Redewendung zu helfen weiß. Von Manger ist ein »mimus doctus« (wie es einen »poeta doctus« und einen »pictor doctus« gibt): *der kluge Spaßmacher* begreift lachend den Ernst unserer Lage. Manchmal ist das sogenannte »Volk« gerade von Intellektuellen dargestellt worden: Claire Waldoff z. B., die Berliner Pflanze, hatte – damals ungewöhnlich für ein Mädchen – das Abitur gemacht und wollte Ärztin werden. Kurt Tucholsky, Meister des komischen Couplets, hatte den Dr. jur.

Von Manger ist weder Arbeiter, noch stammt er von der Ruhr. Er wurde in Koblenz geboren und kommt aus einer alten westfälischen Juristenfamilie. Durch ihre Geschichte geistern verheißungsvolle Namen wie Oelde (mit guten Schnapsbrennereien), Rheda (mit Wasserburg und reichlichen Fleischwaren) und Münster (mit Dom, Domkapitel und deftigem Bürgertum). Seit seiner Gymnasialzeit standen seine Berufswünsche fest: er wollte *Schauspieler* oder *Richter* werden. Auf beiden Gebieten erhielt er eine gründliche Ausbildung. Er absolvierte ein ordentliches juristisches Studium, und zwar nicht etwa nur zur Sicherung der Existenz, sondern aus Freude an der Sache. Ihn lockte die Rechtsfindung – freilich nicht auf der Seite des Staatsanwaltes und des Verteidigers, wohl aber auf der des Richters, dem er in schönem Idealismus die Gabe des abwägenden Verstehens zu wünschen nie aufgehört hat. In seinen Geschichten spielen Richter, Staatsanwalt, Angeklagter, Verurteilter und Gefängniswärter eine bedeutungsvolle Rolle. Er möchte ohne Beschönigung der Fakten den Angeklagten begreifen und folgt ihm begreifend (nicht bemitleidend) noch in die grauenvollsten Szenen hinein. Von seinem 22. Lebensjahr an betätigte er sich, ein komödiantisches Urtalent, am Theater, eine Zeitlang bei dem großartigen Saladin Schmitt an der Bochumer Bühne, seit 1950 an den Städtischen Bühnen in Gelsenkirchen. Er ist ein glänzender Charakterkomiker. Hätte die Milieutheorie recht, die den Menschen als Produkt seiner Herkunft und seiner Umwelt sieht, so hätte aus dem Zugereisten, dem Bourgeois und dem Intellektuellen niemals der Interpret des Industriearbeiters werden können. Aber Fremde erkennen oft schärfer als die Einheimischen. Der Maler Stephan Lochner, der als erster die kölnischen Mädchen in der hübschen Verkleidung von Gefährtinnen der heiligen Ursula darstellte (sehr sachkundig als die munteren, helläugig der Welt zugewandten Wesen, die sie sind), war vom Bodensee nach Köln zugewandert. Tilmann Riemenschneider, der zartsinnig fränkische Eigenart in der deutschen Plastik zum Ausdruck brachte, wurde in Osterode am Harz geboren. Und Claire Waldoff, Berliner Göre rein und unverfälscht, kam aus Gelsenkirchen.

Von außen genau zuschauend, erfaßt von Manger scharfsinnig einen inneren Zustand. Seine scheinbar improvisatorischen, in Wahrheit konzentriert gekonnten Szenen vergegenwärtigen ihn mit den echt schauspielerischen Mitteln des *Tonfalls* und der *Gebärde*. Er ist sich darüber klar, daß nicht nur Französisch oder Englisch Fremdsprachen sind; es gibt nicht minder eine Fremdsprache des »kleinen Mannes«, die wir nur oberflächlich aufnehmen, ohne den Untergrund von Tragik, Komik, Verwirrtheit mitzuhören, die sich hinter farblosen Wörtern und ungeschickten Phrasen verstecken. Er macht uns diese verborgeneren Züge verständlich, weil er ein »Sprachenohr« hat. So erreicht er es, an der Weise des Sprechens das seelische Verhalten der Sprechenden zu klären.

Sprachformen erweisen sich als Bedeutungsformen. Was wie ein bloßes Versagen beim Reden aussieht, ist Anzeichen einer sozialen Situation. Der da Irrwege der Sprache geht, geht zugleich Irrwege des Daseins in einer labyrinthischen Welt. Sätze zerbröckeln – nicht zufällig, sondern weil die Leute nicht mehr weiterwissen. Andere Sätze enden im phraseologischen Durcheinander, wenn z. B. die Bewohner mittelalterlicher Burgen nicht mal ein bißchen Kurzweil »schöpfen« konnten oder wenn im Theater der Doktor Faustus mit dem Fernrohr »inne Sterne am...rum...am...Stochern« ist. Wieder andere sind stilistisch aufgeputzt, so wenn Maria Stuart im Kerker »weilt« oder wenn aus der Zelle des Wohlstandes die Zukunft unserer Kinder... »äh...rinnt«. Das ist *auch* zum Lachen, aber nicht *nur* zum Lachen. Von Manger liegt es völlig fern, sich als Gebildeter über Ungebildete lustig zu machen. An dem Gedränge zwischen Wahrnehmung und Ausdrucksvermögen zeigt er auf, daß der Urmensch von heute in einem Zwiespalt steht: er vermag sein Erleben nicht mitzuteilen; die Wirklichkeit ist ihm chaotisch, und er fühlt sich nicht einmal dort zu Hause, wo der Mensch sich am ehesten zu Hause fühlen könnte: in der Muttersprache. Oft bleibt ihm einfach »die Spucke weg«, und er hilft sich mit Verlegenheitswörtern, wie »nur diese Sachen«, »ehrlich«, »is doch wahr«, »dat war vielleicht ein Ding«. Das »äh, äh« wird manchmal zur Melodie des gehemmten Herzens. Befreiend die Augenblicke, in denen der Unbürger der verfremdeten Welt in der Mundart einen Halt findet, bei »schwatten Wolken« oder »Malessen mit de Füße«, oder wenn jemand »ein Krösken mit eine hat« oder wenn ich in einem Gespräch den Leuten »richtig schön alles aus der Nase kitzeln« darf. Ein Ausspruch wie »Mein lieber Scholli!« hat Wurzelgrund, während die Sprache ihm sonst dahintreibt. Zwar ist der moderne Urmensch mit Präzisionsmaschinen vertraut; aber die Präzision der Logik, die bekanntlich erst die Griechen erfunden haben, ist bis zu ihm noch nicht vorgedrungen.

Alles bei von Manger ist gehört, zusammen mit den »zugehörigen« Gesten. Es ist nicht erdacht und dann niedergeschrieben; die Niederschrift kommt bei ihm zuletzt. Sprechweise und Gebärde haben sich ihm zu einer Gestalt verdichtet. Die Komödie liebt typische Figuren, in denen sich ein Charakter oder eine gesellschaftliche Situation gesammelt darstellen. Aber heute sind diese Verdichtungen nicht mehr poetisch im Sinne von Harlekin und Pantalone. Heute ist *Adolf Tegtmeier* Repräsentant – Arbeiter, Kumpel in der Kohlenkrise, Vereinsvorstand, schließlich zum Personalratsvorsitzenden avanciert, zwiespältig in dieser Stellung, da er einerseits gern mitmischt, andererseits aber sich unter den vornehmen Leuten bei kaltem Buffet oder sogar auf der Jagd nicht wohlfühlt. Obwohl er nun Verwalter in der verwalteten Welt geworden ist, bricht er doch beinah zusammen, als im Verwaltungsgebäude der Stadt die Maschine der Zuständigkeiten ihn zu überrollen droht. Eifrig sucht er die versagte Schulbildung nachzuholen, etwa in einem Kursus für feines Benehmen oder in einer Vortragsreihe über Vor- und Frühgeschichte. Aber hoffnungslos fehlt ihm etwas. Darüber wird sein Mißtrauen rege: nimmt man ihn auch für voll? In innerer Unsicherheit wird der Gutmütige manchmal ein polternder Rabauke, weniger kampfesgierig als verzagt. Dabei hat er Verstand und möchte für die Allgemeinheit etwas erreichen. Aber er scheitert nach oben und nach unten. Um sich zu erklären, stehen ihm nur die Fertigfabrikate der Sprache zur Verfügung, von Zeitung, Gewerkschaft, Versammlung gelieferte Wörter: »durch seiner Hände Arbeit«, »erkämpfte Errungenschaften«, »enger zusammenschweißen«, »der gerechte Anteil am Sozialprodukt« usw. Und er weiß nie genau, ob er die Redensarten oder Sprichwörter richtig anwendet. Er will Neues; aber das Neue muß er aus lauter schäbigen Pappkartons verbrauchter Phrasen aufbauen – zu einem papiernen Bauwerk. Eine in die Zukunft drängende Wirklichkeit äußert sich abgelebt. Selbst nach dem Tode – so deckt es die Phantasie ›Der Lampengeist‹ auf – bleibt Tegtmeier der, der er im Leben gewesen ist.

Großmacht im Leben des Herrn Tegtmeier ist der *Alltag*. Wie sich dem König Midas alles, was er anfaßte, in Gold verwandelte, verwandelt sich Adolf Tegtmeier alles, was er erfährt, denkt und weiß, in Alltag. Als im ›Lohengrin‹ der Schwan naht, freut er sich, von der Galerie aus in die Apparatur hineinzusehen, »in diese Geheimnisse der Tierwelt«; dabei erinnert er sich an die Besichtigung des Walfisches Jonas auf der letzten Herbstkirmes. Oder er hört im ›Tell‹: »Auf dieser Bank von Stein will ich mich setzen«, und neben ihm meint der alte Herr Stratmann aus'n Versand, daß der Tell wohl noch ein junger Mensch sein müsse. »Wenn der in mein Alter kommt und erst mal Malessen kriegt mit de Blase und de Nieren … Junge, da wird er aber überlegen, ob er auf so'n kalten Steinklotz da … am Sitzen geht!« Wenn nun mal zufällig im Leben ein wenig Poesie möglich wird, trifft sie ausgerechnet den Prokuristen Ellerkotte, der nichts damit anzufangen weiß. Zwar hat er von der Kollegin Elli – einer mittelattraktiven Sex-Bombe – einen Siegeskuß bekommen, weil er im Sacklaufen Zweiter war; aber bald wird er wieder sein sauertöpfisches Gesicht aufsetzen: weder das Sacklaufen noch Elli schlagen durch.

Da von Manger klug ist, suchen wir für unsere weiteren Überlegungen bei den Klassikern der Philosophie Rat und finden dort die Begriffe des objektiven, des objektivierten und des absoluten Geistes. Wie verhält sich Tegtmeier, wenn sein subjektiver Geist dem objektiven, objektivierten und absoluten Geist gegenübergestellt wird? Mit anderen Worten: was sagt er zu den Phänomenen der Gesellschaft, der Geschichte, der Wissenschaft, der Kunst und der Metaphysik? Innerlich sichere Zeiten leben sicher und freudig in solchen übergreifenden Zusammenhängen; aber der bindungslose Null-Mensch von heute? *Gesellschaft* – das sind in der Vergangenheit Freiherren und Herzöge; auf dem Theater bringt man heute »diese gesellschaftlichen Sachen besonders echt raus«. Wird aber Gesellschaft Gegenwart, so ist sie Betriebsausflug, Vereinssitzung, kommerzialisierter Karneval. Das Festgespenst »des arbeitenden Menschen« geht um. Unbezweifelbar existent sind beim Besuch des Drachenfels letztlich nur Mittagessen und Kegelbahn. Karnevalisten feiern sich selbst als Hohepriester des Humors, »führen auf den Hügel in des Frohsinns Land. Dort möchte ich ihnen die weite Schönheit zeigen und ihnen zurufen: Da – mach es dir untertan!« – *Geschichte.* Irgendwann erwacht der Drang nach Bildung, und seitdem will man nicht mehr im Ruhrgebiet nur wohnen, sondern auch seine Entstehung kennenlernen. Das geschieht auf drei Ebenen. Die erste bilden die Tatsachen, z. B. der ursprünglich gasförmige Zustand der Erde. Die zweite schafft Assessor Sülzkötter vom Mädchengymnasium durch eine eifrige Darstellung der Tatsachen. Die dritte ergibt sich aus der Verarbeitung der Fakten und ihrer Interpretation im Gehirn des aufstiegswilligen und auch aufstiegsfähigen Kumpels. Man wird des dreistimmigen Spieles nicht müde! – Nun sind wir schon mitten in der *Wissenschaft.* Sie schrumpft für Tegtmeier aufs Praktische zusammen, etwa auf die Betriebspsychologie; und das sieht dann so aus: Dr. Langensiepen, Vertrauensarzt, »der zugleich das ganze Seelenleben unter sich hat«, läßt zur Sicherheit »noch Bauklötze mit spielen; daran kann er auch den ganzen Charakter erkennen ... mainzwegen ob einer für'n Versand geeignet is oder vielleicht besser anne Kreissäge ... diese höhere Kwalifikazion«. – *Kunst*, früher eine Angelegenheit der privilegierten Klassen, ist jetzt radikal demokratisiert. Es wimmelt von billigen Theaterkarten. »Wir sehen hier diese schöne Kunsterzeugnisse für eine Mark – Junge, dat is doch kein Geld, im Kino zahlt Ihr dreimal soviel!« Freilich ist es mit der Eintrittskarte noch nicht getan; sie ist ja kein Schlüssel, der die Stücke »öffnet«. Goldonis ›Lügner‹ (»munterer Geselle, der uns immer wieder mit seine Stückskes, was er da so alles verbricht«) ordnet sich nicht reibungslos der bürgerlichen Wohlanständigkeit ein. »Aber, wir dürfen ihn nich böse sein – wegen sein'n goldenen Herzen!« Auf der Bühne geschehen viele Seltsamkeiten, z. B. Reime (»also, daß das am Schluß immer übernanderpaßte, die Wörter«) oder Monologe (»diese Selbstgespräche machen die ja viel auf de Bühne«) oder Sentenzen (»Der Tell erzählt noch so allerhand Geschichten; aber das war schon auffällig: was der Mann sagte – fast alles nur Sprichwörter, die man auswendig kennt!«). Das alles sind für Tegtmeier Sinnlosigkeiten (doch soll es auch Studenten der Literaturgeschichte geben, die den Sinn solcher dramatischen Formen nicht erklären können. Es wäre denkbar, daß irgendwann einmal der moderne Urmensch im Industriegebiet an Zahl ab- und an den Universitäten an Zahl zunähme). Was in den Stücken geschieht, wird im Ruhrjargon mitgeteilt: Tell und Geßler kommen auf einer »Einbahnstraße der Alpen« nicht aneinander vorbei. Maria Stuart wird das Todesurteil verkündet: »Sie nimmt sich da nix von an und sagt: ›Hörnse mal, das ist doch alles Blödsinn, was Sie mir da erzählen!‹« In der Enge des eigenen Ich und in den Konventionen der Umwelt gefangen, wissen die »Neuen« nicht das »Neue« zu begreifen. Deshalb sind sie selbstverständlich gegen kühne Versuche des menschlichen Geistes wie die Dramatik des Absurden; sie fühlen sich wohl bei dem wohlverständlichen Schiller: »Braucht man auch keine Angst haben, daß vielleicht wieder nur so moderne Tote auf de Bühne rumsitzen und Blödsinn reden, oder daß se alle aus Mülleimer rauskucken ... und dann bei die teure Eintrittspreise!« Die Handlung in den Stücken mag noch so phantastisch sein, Tegtmeier bildet sie ins Banale zurück: darum ist er mit ›Wilhelm Tell‹ hochzufrieden: »Das ganze Stück, das war prima aus dem Leben gegriffen, und konnte man sehen, wie das manchmal alles so geht. Muß ich schon sagen, das hat mir richtig schön gefallen!«

Tegtmeier, der Gesellschaft, der Geschichte, der Wissenschaft und der Kunst gegenübergestellt – bliebe noch die *Metaphysik!* Sie dunstet in der »geträumten Historie« vom ›Lampengeist‹ auf. Der Urmensch der Moderne glaubt wie der Urmensch des Altertums gern an Spuk und Wiedergänger, gruselt sich vor dem dunklen Friedhof, treibt Astrologie und nimmt die delphischen Weissagungen der Kartenschlägerin betroffen an. Da gelingt es dem Mann aus dem Ruhrkohlenpott durch Zufall, einen richtigen Geist in seiner Wohnung anzutreffen. Und was geschieht in seinem freundlichen Umgang mit dem Geist auf der Lampe? Was immer geschieht: Kaffee, Kuchen und Kino – diese drei heiligen »K« im Leben des Alltagsmenschen – genießen sie gemeinsam. Der Urmensch des Industriezeitalters steht geistig weithin auf der Stufe des Steinzeitmenschen. Aber er greift ständig aus – in die Vergangenheit, die Dichtung, die Metaphysik. Zugleich kennt er im Gegensatz zum Steinzeitmenschen Seife und sanitäre Einrichtungen. Das kommt bei ihm nicht überein. Die Wirklichkeit, die er geistig »ist«, und die Wirklichkeit, die ihn zivilisatorisch umgibt, gelangen nicht zur Deckung. Welche Wege ins Unbekannte er auch einschlägt, alles endet mit der Rutschpartie in den Alltag. Dabei ist er gutmütig und fühlt sich wohl in seiner Haut.

Wir schlagen noch einmal die Bücher der Philosophen auf, diesmal die der Existenzphilosophen, und stoßen auf den Begriff der »*Grenzsituation*«. Solche äußersten Situationen, in denen der Mensch kaum mehr Mensch sein kann, schildert von Manger in den Szenen ›Der Schwiegermuttermörder‹ und ›Die Delinquentenzelle‹. Es ist entsetzlich: ein Mann zersägt seine Schwiegermutter; ein anderer sitzt in der Todeszelle, wenige Minuten vor der Hinrichtung. Versucht sich von Manger hier in »Schwarzem Humor«, in dem Sinne, daß er selbst am schwärzesten Geschehen noch das Komische zum Aufleuchten brächte? Nein, auch in diesen Geschichten zeichnet er den Weg des Herrn Tegtmeier nach und steigert seine hoffnungslose Alltäglichkeit ins Surrealistische. Keine jähe Leidenschaft, kein großer Sturz geht der Katastrophe voran; kleine Schritte führen den Mörder ins Ungeheuerliche. Auch als es geschehen ist, bricht er nicht zur Wirklichkeit durch, sondern umstellt sich mit lauter Klischees: daß er nun durch ein »schöneres Leben« seine Untat büßen wolle, daß er aus Notwehr gehandelt habe, daß er zu den »Bekloppten« gehöre. Der Wärter vom Strafvollzug redet die Todeskandidaten höflich mit »Sie« an, nennt sie »Herrschaften«, setzt ihnen die »Schangsen« der Henkersmahlzeit auseinander, gibt ihnen freundlich die Hand und wünscht ihnen eine Sekunde vor Schluß »Alles Gute«. Im übrigen denkt er an seine Weihnachtsgratifikation, den Geburtstagskaffee und den Omnibusfahrplan. Untertänig begrüßt er den Staatsanwalt. Die Subalternen sind nicht bösartig; nur sind sie eingefahren und glauben selbst im Weglosen noch ans Geleise. Lauter blinde Spiegel der Klischees bilden ihre Welt; aus allem, was sie erleben, schaut sie nicht das Leben an, sondern die Konvention. Indem der Humorist dies Umherirren zwischen lauter blinden Spiegeln schildert, entdeckt er die *Dämonie des Klischees*.

Jürgen von Mangers kabarettistische Szenen sind ein – heiterer – Beitrag zum Verstehen des heutigen Menschen. Sie ergötzen in nachdenklicher Weise. Mit vielen alten Lappen der Urteile und Vorurteile behangen, stehen die Sachwalter der neuen Epoche hilflos und liebenswert in der unermeßlich verwandelten Wirklichkeit. Was soll man in dieser Lage tun, was dazu sagen? Am besten dasselbe wie Paul Ellersiek: »So'n ... äh ... Blödmann ... nich wahr. Mensch bleiben – bitteschön.«

Heinrich Lützeler

Julie Schrader

Ich bin deine Pusteblume

Die Tag- und Nachtbücher eines wilhelminischen
Fräuleins. Angerichtet und vorgelegt von Berndt W.
Wessling. 1971. 232 Seiten. Leinen
»In diesem unablässig komisch entgleisenden Tagebuch-
Eintragungen dokumentiert sich die Tragikomödie eines
triebhaften Fräuleins, das den wilhelminischen Konventionen mit naiver Gelassenheit einerseits huldigte und
sie andererseits (in Grenzen) durchbrach. So entging sie
für eine Weile der ihr von rechts wegen
vorbestimmten kleinbürgerlichen Existenz: Mit Hilfe
ihrer Liebhaber und ihres die permanente Libertinage
poetisch verzuckernden Tagebuches hielt sie sich
lustig und listig in der Schwebe und entging den
Pressionen eines Systems, das ihr keine wirklichen
Freiheiten zugedacht hat.«
Frankfurter Allgemeine Zeitung

Pusteblümchens Moritaten

Herausgegeben von Berndt W. Wessling. 1973. Piper-Präsent.
120 Seiten. Linson
»Moritaten voll köstlich-komischen Seelenschmelzes . . .«
dpa

Julie Schrader,
z. Zt. postlagernd

Correspondencen der Pusteblume. Herausgegeben von Berndt
W. Wessling. 222 Seiten. Leinen
Diese Correspondencen von überschäumender Mitteilsamkeit,
Komik und Frivolität – reich bestückt auch mit Briefen ihrer
Partner – runden nicht nur die Biographie der Julie Schrader
ab, sondern auch das Bild ihrer Epoche, die uns heute
mit zunehmender zeitlicher Entfernung immer reizvoller
wird.

Satiren
Parodien

Biographien
Erinnerungen

Cartoons